蒼硯齋叢書

范耕研著

國學常識

文史哲出版社印行

著者范耕研遺影

生於1894年農曆10月8日江蘇之淮陰
逝於1960年7月27日 上海市
享壽六十七歲

著者德配萬太夫人遺像
生於1899年農曆2月21日江蘇之淮陰
逝於1946年農曆2月6日淮陰水渡口老宅
享年四十八歲

國學常識

目次

輯印說明

此係先父耕研公一九四七年執教於上海中正中學時之講義，僅經學及文學。二弟滋認為此係通俗讀物，有助於初學，乃詳予標點及加注。文中大括弧是講課内容，小括弧則為二弟之注。

文内凡人名、書名、篇名及地名，均經滋弟查考詳加注釋，免去一般讀者檢閱資料之繁瑣手續而影響閱讀興趣。蓋所注亦屬我中華國學常識之一部分，似應瞭解，乃全附錄焉。惟少數生僻之詞，未能全都解釋為憾。

為免混淆及簡化，昔時通用之字儘量統一。如迹、跡、蹟，皆用「迹」；著、箸，則皆用「著」；詞、辭，除古文原用之彖、象、繫及楚辭等，仍習用「辭」外，其他皆用「詞」。

仍如前輯，均按原型刊印先父母遺影及高明教授之總序。另請國立臺灣大學中文系張蓓蓓教授賜序一篇。

民國九十六（二零零七）年秋　淮陰范震　記於美俄州哥城芸寓

高序

柳師劭堂嘗盛稱淮陰三范，以績學聞於南雍。伯尉曾，字耕研，號冠東，治周、秦諸子；仲紹曾，攻物理、化學；叔希曾，字耒研，初為歸、方古文，繼為目錄、版本之學；皆有聲於時。先兄孟起與三范同時就讀於南京高等師範，與耕研之私交尤篤，常為余言之。民國十四年，余入南雍，每訪龍蟠里國學圖書館，猶及見耒研，繼讀其《書目答問補正》，更深儀其人。顧余卒業於南雍時，耒研業棄世。遭時喪亂，先兄故於行都之歌樂山，與范氏之音訊遂絕。一月前，鹽城司教授琦兄來訪，述及其鄉賢范君耕研之長公子名震者在臺，今春曾返鄉探親，攜出其父叔遺稿之倖存者如《墨辯疏證》、《呂氏春秋補注》、《莊子詁義》、《書目答問補正》，及其父之詩詞殘存於日記中者將輯集之，並刊為《范氏遺書》，而屬其問序於余。余知耕研所著尚有

《文字略》十卷、《淮陰藝文考略》八卷、《韓非子札記》二卷、《張右史詩評》二卷、《宋史陸秀夫傳注》一卷，均於所謂「文化大革命」時燬佚於紅衛兵之手。其子恐其父叔之心血所注，若再亡佚，將何以對先人於泉下，乃有遺書之刊印。其孝思之誠篤，在今日不可多見，實足以風世而正俗矣，因樂而為之序。

中華民國七十八年三月高郵高　明謹撰於木柵之雙桂園

張序

二十年前，余在臺灣大學擔任「大一國文」課程，嘗於堂上指示諸生為學門徑，威推范希曾耒研先生《書目答問補正》為入門必備之書。諸生始則竊竊私語，繼而顧眄咄嗟。怪而問之，一女生名范肇芸者舉手應曰：是吾叔祖父也。余即接言：此遇殊難得，定須加分。舉座鼓掌，歡笑而罷。

不數年，忽接一郵包，拆視之，內有《藎硯齋叢書》數冊。細閱前後序跋，恍悟寄書者范震剛侯先生即范生之父，亦即范尉曾耕研先生哲嗣。余生也晚，雖略知耕研先生曾著《墨辯疏證》、《呂氏春秋補注》諸書，而於其人其學以及淮陰范氏一門之家風則矇然不曉。既讀其書，乃歎民國早期學者造詣湛深者正多，而身丁亂世，無以全其學術志業，乃至流離沉埋者，亦復多有也。耕研先生大著賴其友生子弟或鈔或輯，或葆藏或訪求，迄今已印出《叢書》十五種，足以見學術大體，亦不幸中之幸矣。

剛侯先生為人精勤懇摯，與余因書結緣，遂時相問候。前年春，先生返台，攜《讀書隨筆》及《國學常識》二稿訪余於臺大，擬繼《蓋硯齋日記》後續予版行，然猶以內容不全為慮。余以為學人吐屬要皆一生學養之映射，吉光片羽，皆可寶貴，何況耕研先生所著《文字略》業已遺佚，此中適有其大概，為幸何如！爰應先生之請，稍加檢校，以付梓人。

范氏家風家學，余二十年來體驗頗深。除已刊各書外，剛侯先生所得各種手稿資料尚甚多，儻有人能從之討較，訂成淮陰范氏學譜，必可為民國學術史添一光輝之新頁。姑誌於此，以俟後賢。

二〇〇九年春　張蓓蓓拜序於臺大中文系

國學常識

范耕研 編

第一講 弁言

「國學」一名，頗不妥當，以其含義十分模糊也。或用「國粹」、「國故」等名，其不很妥當的程度相等，因無其他更好名詞可用，故暫時仍用此二字，其內容乃是泛指中國以往學術中一般的「通論」和其「歷史」。其精深瑣細的部分，是應歸專家去研究，至於普通的部分，則雖非專家也應明瞭，至少也能加以涉獵，這就是所謂「國學常識」。

國學既泛指中國學術而言，所以他的範圍非常廣大而龐雜，研究的人自應先加分析，才有下手處，也就是分類。前人分類，各有不同。如《莊子・天下篇》（《莊子》，書名。戰國宋蒙縣人莊周所著。共五十二篇，現存者惟郭象注本，凡十卷，餘皆散佚。《莊子》，唐時改稱《南華經》，注家甚眾。《天下篇》，《莊子》篇名。首總述，後分列諸家，即莊子之自敘也）、**《淮南子‧道應訓》**（《淮南子》，書名，凡二十一卷，漢淮南王劉安撰。分內、外篇，此係內篇。《道應訓》，《淮南子》篇名）、**《史記‧自序》**（《史記》，書名，凡一百三十卷，漢司馬遷續其父談而作。起黃帝，訖漢武。《自序》，《史記》篇名，全稱爲《太史公自序》）。**引其父司馬談之說，只就着當時創立學說的哲人，加以比較分析，未及學術之全體。其後劉歆著《七略》**（劉歆，漢時人，向之少子，字子駿，建平初，改名秀，字穎叔。集六藝群書種別爲《七略》。中國目錄學自此始），**把漢室藏書分為六類：**

一、六藝

二、諸子

三、詩賦

四、兵書

五、術數

六、方　技

前面另有一個輯略，合為《七略》。

班固（東漢安陵人，彪子，字孟堅。續父所著《漢書》，積思二十餘年乃成，爲世所重）**《漢書》**（書名，凡一百二十卷，班固撰。固父彪以《史記》自武帝太初後闕而不錄，乃作《後傳》。固以其所續未詳，爲裒集所聞，自高祖迄孝平王莽之誅二百三十年事迹爲此書。固即瘐死，和帝詔固妹昭就東觀輯校續成之。內紀、表、天文志，皆其所補）**的《藝文志》**（《漢書》之篇名，係史志中彙錄書籍目錄之載記）**完全根據劉書，而略有出入，又將輯略散置其餘各略中，所以面目也就不同了。**

劉宋（南朝之一，劉裕受晉禪，國號宋。以別於趙宋，故又稱劉宋）**時王儉**（南朝臨沂人，字仲寶，少好禮學）**撰《七志》，其中分為：**

一、經　典

二、諸　子

三、文翰

四、軍書

五、陰陽

六、術藝

七、圖譜

較劉、班增多第七類的圖譜，是紀地域及圖書的。劉、班是附在六藝裏面，他却將之獨立了，此外又附見了道、佛的書。

梁（南朝之一，蕭衍受齊禪稱帝，國號梁）時阮孝緒（梁尉氏人，字志宗）著有《七錄》（書名，凡一卷，體裁本《七略》而稍變之），其中分為：

一、經典

二、紀傳

三、子兵

四、文集

五、技術

六、佛錄

七、道錄

這和劉、班就頗有不同，不但顯增佛、道兩錄，並且把歷史從經典中分開獨立，又明白的立有文集一類。所以他的前四錄正與荀勖（晉潁陰人，字公曾。嘗得汲郡古冢中古文竹書，詔撰次以爲中經，列在祕書）的四部分法相吻合。

荀勖是魏、晉時候的人，他把書籍分為甲、乙、丙、丁四部：

甲部：六藝、小學

乙部：諸子、兵書、術數

丙部：史記及其他記載

丁部：詩賦、圖讚

雖分四部，尚無經、史、子、集之名，且乙部為子書，丙部為史書，也和現在的次序不同。現在所用的經、史、子、集四部的名稱和次第，是唐玄宗（一稱明皇，名隆基）時所定。這種分法不甚合理，既不能包括道、釋等學問，現代的新學問更不能涵蓋，有很多應該討論修改的地方。不過因為沿用已久，一時尚無更完美的分類法可以代替，所以我們暫時還用他做一個研究國學的工具。

第二講　經

「經」是甚麼？古今來解釋他的話很多很雜，我現在分三部來介紹：

一是最初用此字為名稱的原意。

二是隨時轉變演進的定義。

三是綜合的看來，經到底是甚麼？

「經」字的本意，是絲經，和「緯」是相對的。古代寫書是用竹簡，積了很多簡成為典冊，恐其散亡，自然要用一種線類的工具捆束着。「經」正是這種工具，所以最初稱書為經，用意和現代說「線裝書」一樣，並無尊貴的成分。所以各家的書，往往稱「經」。如《墨子》（書名，墨翟著。墨翟，戰國魯人。周遊各國，仕宋爲大夫，嘗止魯陽文君之攻鄭，絀公輸般以存宋。其學倡兼愛，尚節用，頗矯當時之弊。徒屬滿天下，遂成墨家一流，與儒家並稱。門弟子記其所述，有《墨子》一書傳世）**的《經上、下》**、**《韓非子》**（書名，韓非著。韓非，戰國韓之諸公子。口吃不能道說，而善著書。與李斯俱事荀卿，因見韓之削弱，數以書諫韓王，不用，乃作《孤憤》、《五蠹》、《內外儲說》、《說林》、《說難》等十餘萬言。秦王見其書而悅之，欲見其人而與遊，因急攻韓，韓遣非使秦，李斯、姚賈毀之，王下吏治非，斯使人遺非藥，自殺）**的《內外儲經》及《醫經》**（漢以前古醫書：黃帝《內經》、《外經》，扁鵲《內經》、《外經》，白氏《內經》、《外經》，《旁篇》；共七種二百十六卷，合稱爲《醫經》）、**《算經》**（《算經十書》。唐國子監算術及科學明算科，習《周髀算經》、《九章算術》、《海島算經》、《孫子算經》、《五曹算經》、《夏侯陽算經》、《張丘建算經》、《五經算術》、《綴術》、《緝古算經》十種。其中《綴術》、《夏侯陽算經》至宋初亡；《海島算經》亡於明；《九章算術》亦殘缺不全。清乾隆時，開四庫全書館，戴震自《永樂大典》輯集《九章算術》、《海島算經》等，其後孔繼涵刊入《微波榭叢書》，題爲《算經十書》）**等，這是最初稱經的原意。**

後來儒家推尊孔子（名丘，字仲尼，春秋魯國陬邑人，生於公元前五五一年，卒於公元前四七九年。於魯曾任相禮、委吏、乘田等低職，魯定公時任中都宰、司寇，不滿魯國執政所爲，去而遊衛、宋、陳、蔡、楚列國，皆不爲時君所用，歸死於魯。曾長期收徒講學，開私人授課之風氣，傳有弟子三千，身通六藝者七十二人。古文學家謂孔子刪《詩》、《書》，定《禮》、《樂》，贊《周易》，修《春秋》。由於其弟子之傳播，乃形成儒家學派，對後世有重要影響。其被歷代君王尊奉爲「至聖先師」）所定的六部書：《詩》、《書》、《禮》、《樂》、《易》、《春秋》，為修、齊、治、平的大法，因而採取了經的名稱，稱為「六經」。當孔子以前，和孔子當時，這六部書本不名經。先秦人書中，《莊子．天運篇》謂：『孔子治六經』，「六經」之稱，這算是很早的一句話了，但他在《天下篇》裏卻仍稱《詩》、《書》、《禮》、《樂》，而無「六經」之名。所以《天運篇》的話也不可靠。可是《荀子．勸學篇》（《荀子》，書名，凡二十卷，周荀況撰。《漢志》載荀卿三十三篇；劉向《校書序錄》稱：「孫卿書凡三百二十三篇，校除重複二百九十篇，定著三十三篇爲十二卷，題曰《新書》」。唐楊倞分易舊第編爲二十卷，復爲之注，更名《荀子》，即今本。荀況，周時趙人，時人尊稱荀卿，漢人避宣帝諱，稱孫卿。年五十，遊學於齊，三爲祭酒，後適楚，終蘭陵令。嘗倡性惡之說，戰國明儒術者，孟子外惟荀卿耳。）明說「誦經」、「讀經」，《禮記》中有《經解篇》，這都是儒家的後學，證明「六經」之稱出自儒家，因為意在推尊，所以「經」的名義一變為「法」（法，制也。《易．繫辭》：「制而用之謂之法」。《疏》：「聖人裁制其物而施用之，垂爲模範，故曰法」）、為「常」（常，典法也。《國語．越語》：「無忌國常」），從此「經」為聖人專用品，而他人不敢僭稱了。

我們現在對於經的名義是如何看法呢？我以為，認為「絲經」固然不敬，而且也含義不清，不易明白是怎麽一回事。認為「經綸」（以治絲之事，喻規畫政治。朱熹曰：「經者，理其緒而分之；綸者，比其類而合之」）、「經常」（謂經久常行者。《唐書．食貨志》：「必立經常簡易之法」）也屬於迷信。綜合兩千年來經學界中演變的情形看來，我以為經的資格，應該有：

（一）是孔子以前傳下來的古書，又經孔子刪訂整理過的，這是正經。

（二）是雖非古代傳下來，卻是孔子所說，而為門人或後學所記的，也可稱為經，如《禮記》、《論語》、《孝經》（孔子設爲與曾子問答，而明孝道及孝治之義者。現爲《十三經》之一）。

（三）是不合於前兩條資格，但代正經作注，也得厠身經內，如《春秋三傳》（《春秋》有《左氏》、《公羊》、《穀梁》三傳。《公》、《穀》爲釋經之傳，《左氏》爲記事之傳）和《爾雅》（書名，凡十九篇。解釋經文與古代文物之古籍，列爲十三經之一）。其實二、三兩條都應稱傳，後來經的範圍擴大，經的資格放寬，才將他們加入的。所以唐朝就有十三經，直到現在，還有這個名稱。

六經：《詩》、《書》、《禮》、《樂》、《易》、《春秋》（秦火以前）。

五經：《易》、《詩》、《書》、《禮》、《春秋》（秦火以後《樂經》亡失）。

七經：《詩》、《書》、《禮》、《樂》、《易》、《春秋》、《論語》（東漢）。

九經：
- 《五經》、《周禮》、《儀禮》、《公羊》、《穀梁》（唐）。
- 《五經》、《孝經》、《論語》、《孟子》、《周禮》（宋）。

十經：《易》、《書》、《詩》、《三禮》（《周禮》、《儀禮》、《禮記》）、《三傳》（《左氏傳》、《公羊傳》、《穀梁傳》）各為一經，《論語》與《孝經》合為一經（宋）。

十三經：《易》、《書》、《詩》、《三禮》、《三傳》、《孝經》、《論語》、《孟子》、《爾雅》（唐）。

第三講　易

《易經》本是古代一種卜筮的書，古代卜筮的書相傳有三種，即《周禮》太卜（職稱，《周禮》春官之屬，爲卜官之長）所掌三《易》之法也。三《易》者：

一曰《連山》（《桓譚新論》：「《連山》八萬言」，又曰：「《連山》藏於蘭臺」。按，《連山》於唐前已佚，《唐志》所載及李淳風所引，係劉炫僞本。今玉函山房及嚴可均有輯本，係採集《帝王世紀》、《水經注》等所引用者而成。）

二曰《歸藏》（《桓譚新論》：「《歸藏》四千三百言」，又曰：「《歸藏》藏於太卜」。《隋書・經籍志》云：「《歸藏》漢初已亡。」晉《中經》有之，惟載卜筮，不似聖人之旨，蓋疑爲僞書，今此僞書亦久佚。玉函山房及嚴可均有輯本，係採集《山海經注》、《北堂書鈔》、《太平御覽》、《西漢易說》等所引用者。）

三曰《周易》

鄭玄（東漢高密人，字康成。經學大家，乃一代純儒。著有《毛詩箋》、《周禮》、《儀禮》、《禮記》注等）說：「夏代用《連山》，以艮（卦名。《易．說卦》謂：「艮下艮上，其象爲山，爲徑路，爲小石，爲少男」）為首；殷代用《歸藏》，以坤（卦名。《易．文言》謂：「坤下坤上，其象爲地，爲臣，爲母，爲妻」）為首；周代用《周易》，以乾（卦名。《易．說卦》謂：「乾下乾上，其象爲天，爲君，爲父」）為首。」這話也未見的確，因古代相傳的卜和筮本不相同，卜用龜，筮用蓍（草名，古取其莖爲占筮之用）。我們從安陽所發現的龜甲看來，商代自然是用龜卜的，本不借重八卦，何謂以坤為首呢？卜後深深的薶在地下，和「歸藏」的字義亦合。「連山」未知何解。

「易」字本義是蜥蜴，是象形字，蜥蜴顏色隨時、地變異，故《周易》取名於此。但《說文》又引《緯書》的說法，說「易」字从日从月，兼有陰陽之象。這兩說均近附會。

鄭玄說：「易，一名而含三義：簡易，一也；變易，二也；不易，三也。」其稱「周」者，謂：「易道周普，無所不備。」但他又說：「文王演易，尚在殷世，題周所以別殷。」前後歧出，似以後說為近理。

《周易》的本經二篇，上篇三十卦，下篇三十四卦。彖、繫辭、文言、說卦等十篇，本是《周易》的《傳》，相傳是孔子所作，一併列入經內，共為十二卷。經內每卦都有卦辭、爻辭、大象等。今舉《井》卦為例：

《井》：

「改邑不改井，无喪无得；往來井井，汔至，亦未繘井；羸其瓶。凶。」（卦辭）

「初六，井泥不食，舊井無禽。九二，井谷射鮒，甕敝漏。九三，井渫不食，為我心惻；可用汲，王明，并受其福。六四，井甃无咎。九五，井洌寒泉，食。上六，井收勿幕，有孚元吉。」（爻辭）

「木上有水，井，君子以勞民勸相。」（大象）

《易經》為何人所作，舊說至為紛歧，或說「伏羲畫卦，文王重卦。」或說「畫卦、重卦都出伏羲。」或說「卦辭、爻辭皆文王作。」或以為「爻辭中有文王後事（升卦爻辭云「王用亨于岐山」、明夷卦爻辭云「箕子之明夷」，均文王後事故也）似乎不應出於文王之手。」因而根據韓宣子的話，說爻辭乃周公所作。彖、象等傳合稱十翼，相傳都是孔子所贊。此說也未可信，因《繫辭》明言「子曰」，則必不出於孔子之手，至多是門弟子記載的罷了。其實卦辭、爻辭不過是古代卜人（官名。《疏》：「大卜有卜師及卜人，皆士官。卜人無別職者，以其助大卜、卜師行事，故也」）占語（占，視兆以知吉凶。視兆，指龜卜言）的紀錄和後世的鸞辭（祭祀時占卜用語）、神籤（俗取竹籤貯筒中，於祈神時掣之，以卜休咎，故亦謂神示占驗之文曰籤）相類，未必有什麼大道理，更未必是什麼聖人所撰著。至於十翼中卻含有不少哲理，但也不甚一貫，所以也未必出於孔子一人之手。

《周易》中有八卦，每卦三爻，以陰陽二種相錯綜，故得八卦。即：

乾 ☰

坤 ☷

坎 ☵

離 ☲

震 ☳

巽 ☴

艮 ☶

兌 ☱

《繫辭》（相傳爲文王所作之卦辭，謂之繫辭，以其繫於卦下也。孔子所作之繫辭，漢時本名爲傳，以其釋文王之繫辭而作者。《易經》中有「彖辭」，相傳爲文王作，易卦下之辭也，亦云卦辭。蓋總攝一卦之要義者，如乾卦下「元亨利貞」四字是。至卦內之「彖曰」云云，相傳爲孔子作，亦云彖辭，或云彖傳，乃統論一卦之義，或說其卦之德者。「爻象」，易繫辭謂：「夫乾確然示人易矣，夫坤隤然示人簡矣。爻也者，效此也者，象也者，象此者也，爻象動乎內，吉凶見乎外」「爻辭」，易六爻下之辭曰爻辭。「象辭」，相傳爲孔子所作大象、小象之辭也，亦稱象傳。「大象」，易象辭也，別於小象而言。《易乾》：象曰：「天行健，君子以自強不息」，疏：「此大象也。十翼之中，第三翼總象一卦，故謂之大象」。「小象」，易卦六爻之象辭也，別於大象而言。易乾：「潛龍勿用」至「盈不可久也」。疏：「是夫子釋六爻之象辭，謂之小象」。易經中之「文言」，爲易十翼之一，專釋乾、坤二卦之義理者。孔子以乾坤爲易之門戶，其餘諸卦及爻皆從乾坤而出，義理深奧，故特作文言以釋之，以其詮釋二卦之經文，乃稱文言，以贊易道，申說易理。「十翼」，《易．正義序》論十翼云：「孔子所作，先儒更無異論，文王《易經》本分上、下二篇，則《彖》、《象》釋卦，亦當隨經而分，故一家數十翼云。上彖一、下彖二、上象三、下象四、上繫五、下繫六、文言七、說卦八、序卦九、雜卦十，鄭學之徒並同此說」）說：「伏羲氏仰觀象於天，俯觀法於地，觀鳥獸之文與地之宜。近取諸身，遠取諸物，於是始畫八卦。」所以相傳八卦是象天、地、水、火、雷、風、山、澤，包括宇宙間最大的現象。但為什麼用這種長、短畫來表象呢？前人也多說不明白，或說：「八卦即是中國最古的文字」，又有人說：「八卦即巴比侖的楔形文字」。但楔文有縱有橫，此則純橫，可知不為同物。

八卦相重，得六十四卦，每卦六爻，上三爻，謂之外卦，下三爻，謂之內卦。八卦僅表八象，則六十四卦所表者為六十四象，然宇宙間萬象森羅，非六十四卦所能限。說者又謂：「每爻亦各表一象」，象之外又有數又有義，則其所能附會的道理愈多而無窮竟。所以前人常說《周易》一書包盡上、下、古、今之理。其實卦的本身固甚簡單，即彖、象各辭也未見得精深完密，經過《文言》、《繫辭》等的贊述，和歷代《易》家的推衍，遂令其內容日益豐富罷了。

《彖辭》、《象辭》不過是卜人的占語，未必有甚深的哲理，但卻很能夠反映出當時社會生活的背景。衣服（困卦（坎下兌上。困者，窮厄萎頓之名，道窮力竭，不能自濟，故謂之困））、飲食（頤（震下艮上，養也）、鼎（巽下離上，取新也）、噬嗑（震下離上，頤中有物，齧而合之、噬嗑之義）等卦）、婚姻（劫婚、鬻婚、聘婚等）、田獵（師卦（坎下坤上，眾也。卦爲地中有水，容畜之象）、六五，「田有禽」等）均有記載。而對於迅雷（震卦（震下震上，其象爲雷，爲長子。又動也））、日食（豐卦（離下震上。大也））、猛獸（履卦（兌下乾上。履，禮也，禮所以適用也））、水（「利涉大川」）、火（離卦（離下離上。其象爲火、爲日、爲電、爲中女））之警戒，尤可以窺見古代人類趨避的情形。從生活方面自然可以反映出當時社會心理的活動。古代書少，故以此為知識的寶庫了。

《文言》、《繫辭》中哲理較多，綜挈其要，則當以「陰陽消息」之說為其根本原理。觀察十二辟卦尤為顯然，但推之他卦，即不盡然。陰陽這兩種勢力，互為消長，推而廣之，則剛、柔；動、靜；高、卑；大、小；無不可用此理來解釋。在人事，則有吉、凶、悔、吝，也可從象數中得到了趨避。所以宇宙中，各事都有一個相對的道理，可算是徹底的二元論，不過也有人說《周易》是一元論，因為《周易》中還說過「太極」為陰陽二儀所從出。可惜《周易》中發揮太極的話是很少，而全部中差不多都是在說陰陽的理，現在留傳下來的孔、孟書中，關於陰陽的並不多，而深觀陰陽消息之理者，轉屬鄒衍（戰國齊臨淄人。深望陰陽消息，作怪迂之變，著有《終始》、《大聖》等篇，共十餘萬言，多閎大不經，皆不傳）。然則《周易》的《傳》，似不在儒家而在鄒衍一班人了。

第四講　書

《書經》亦稱《尚書》，言其為上古時記載政事之書。但也有人說是「上所言而史書之」，故名《尚書》。不過在《莊子》、《荀子》以及《禮記》等書中說到《書經》，不但不稱為「經」，也不稱《尚書》，僅稱為《書》而已。大概《尚書》之名起於秦、漢，《書經》之名更在其後了。

《漢書・藝文志》說：「《書》之所起遠矣，至孔子纂焉，上斷於堯，下訖於秦，凡百篇。」不過秦火以後已經不全。現在通行的《書經》，是依據唐代《正義》（《五經正義》，書名。唐太宗以儒學多門，章句繁雜，詔國子監祭酒孔穎達與諸儒撰定《五經疏義》，凡百七十卷，名曰《五經正義》）的本子，僅五十八篇，還有不少的偽書在裡面（詳後）。

大概的說，他的體例很像後世「總集」一樣，各種文體都有，多半與政事有關。

所以荀子曾說：「《書》者，政事之紀也。」很足供治國、平天下的參考，所以儒家奉之為經。《書經》是從古代官家所保存的公文書中選擇出來，也就保存了不少的史料。因此也有人說，《書經》是古史了。（朱熹（宋婺源人，字元晦，一字仲晦，晚號晦翁，又號雲谷老人、滄州遁叟。宋代理學至熹而集其大成，世人尊稱「朱子」）說：「《春秋》，編年通記，以見事之先後。《書》，則每事別記，以具事之首尾。意者，當時史官既以編年紀事，至於事之大者，則又采合而別記之。」不過《書經》僅是史料，未經剪裁、編纂，還不足稱為史呢！）

《書經》中文體很雜，並不一致。孔安國（漢曲阜人，字子國。孔子十二世孫）括以六體：典、謨、訓、誥、誓、命。

而孔穎達（唐衡水人，字仲達。嘗受太宗命，撰《五經正義》）更細分為十體：典、謨、貢、歌、誓、誥、訓、命、征、範。

惜乎都為舊名所拘，未能打破，所以都有窒礙難通之處。如《堯典》是記堯、舜二帝之事，很像後來的本紀。稱之為典者，不過說是几上之册罷了，並非一種文體之名。後人訓「典」為「常」，以謂「可做後代之常型」，那是倒果為因的說法。如以典為「典章制度」解，則《禹貢》、《洪範》才真是「典」。而注家卻將《洪範》歸入「謨」類。所以分合之間很難得當，因為現在尚無新興的定論，所以仍用六體之說，分舉如下：

（一）典　典者常也。

言其可為後代典型，如：《堯典》（《書》篇名。《書．序》：「昔在帝堯，聰明文思，光宅天下，將遜於位，讓於虞舜，作《堯典》」）、《舜典》（《書》篇名。《書．序》：「虞舜側微，堯聞之聰明，將使嗣位，歷試諸難，作《舜典》」），記堯、舜之事，《禹貢》（《書》篇名。《書．序》：「禹別九州，隨山濬川，任土作貢」）記大禹之治水與各州之貢法，皆可以看出一代的規模。

（二）謨　謨者謀也。

如：《大禹謨》、《皋陶謨》、《益稷》（《書》篇名。《書·序》：「皋陶矢厥謨，禹成厥功，帝堯申之，作《大禹》、《皋陶》、《益稷》」）、**《洪範》**（《書》篇名。《書·序》：「武王勝殷，殺受，立武庚，以箕子歸，作《洪範》」）**等。**

（三）訓　教訓者，教誨也。

如：《伊訓》（《書》篇名。《書·序》：「成湯既沒，太甲元年，伊尹作《伊訓》」）、**《太甲》上、中、下**（《書》篇名。《書·序》：「太甲既立，不明，伊尹放諸桐，三年復歸於亳，思庸伊尹，作《太甲》三篇」）、**《咸有一德》**（《書》篇名。《書·序》：「伊尹作《咸有一德》」。《疏》：「太甲既歸於亳，伊尹致仕而退，恐太甲德不純一，故作此篇」），**皆伊尹訓太甲之詞。《高宗肜日》**（《書》篇名。《書·序》：「高宗祭成湯，有飛雉升鼎耳而雊，祖己訓諸王，作《高宗肜日》」）**為祖伊訓武丁**（殷王，即高宗。殷自盤庚中興，至其弟小乙立，復衰，再傳至武丁，三年不言，政事決於冢宰。復以夢求得傳說，以爲相，國大治，殷乃復興。在位五十九年）**之詞。《旅獒》**（《書》篇名。《書·序》：「西旅獻獒，太保作《旅獒》」）**為召公**（周文王庶子，名奭，食采於召。武王滅紂，封於北燕。成王時爲三公，與周公分陝而治，爲二伯，故又稱召伯，自陝以西召公主之，有德政）**訓武王**（文王子，名發。殷末，嗣爲西伯。殷紂無道，武王率諸侯東征，敗紂於牧野，紂自焚死。武王乃代有天下，即帝位，都鎬。在位十九年崩，諡曰武）**之詞**。**《無逸》**（《書》篇名，亦作《毋佚》。《書・序》：「周公作《無逸》」）**為周公**（姓姬，名旦。周武王之弟，成王之叔。武王崩，成王幼，周公攝政，而管、蔡、霍三叔忌之，作流言以撼公，公避居東，作《鴟鴞》之詩以貽王，王悟其非，因迎公歸。三叔懼，挾殷裔武庚叛，王命東征，殺武庚，誅貶三叔，滅國五十，奠定東南。歸而改定官制，創制禮法，周之文物，因以大備。後復營洛邑爲東都，與召公奭分陝而治）**訓成王**（武王子，名誦。即位時年幼，周公旦攝政，制禮樂，立制度，營東都洛邑，定鼎郟鄏，七年返政。在位三十七年崩，諡曰成）**之詞**。**大概是臣下告誡在上者之詞，前人即歸之「訓」類**。**《五子之歌》**（《書》篇名。《書・序》「太康失邦，昆弟五人須於洛汭，作《五子之歌》」）**則因其舉大禹遺訓，以為告誡之故，也入「訓」類。但現在的《五子之歌》是僞古文，很不足信，至於原文不知應歸何類了。**

（四）誥　誥者告也。

公告於臣民的文字，如：《仲虺之誥》（《書》篇名。《書・序》：「湯歸自夏，至於大坰，仲虺作《誥》」）、**《湯誥》**（《書》篇名。《書・序》：「湯既黜夏命，復歸於亳，作《湯誥》」）、**《盤庚》上、中、下**（《書》篇名。即盤庚告諭人民之書。《書・序》：「盤庚五遷，將治亳殷，民咨胥怨，作《盤庚》三篇」）、**《大誥》**（《書》篇名。《書・序》：「武王崩，三監及淮夷叛，周公相成王，將黜殷，作《大誥》」）、**《多士》**（《書》篇名。《書・序》：「成王既成，遷殷頑民，周公以王命誥，作《多士》」）、**《多方》**（《書》篇名。《書・序》：「成王歸自奄，在宗周，誥庶邦，作《多方》」）、**《周官》**（《書》篇名。《書・序》：「成王既黜殷命，滅淮夷，還歸在豐，作《周官》」）、**《康王之誥》**（《書》篇名。《書・序》：「康王既尸天子，遂誥諸侯，作《康王之誥》」）。

祭告於宗廟之文字，如：《金縢》（《書》篇名。《書・序》：「武王有疾，周公作《金縢》」。按：縢，束也。藏之於匱，緘之以金，若今之釘鏁之不欲人開也）、**《武成》**（《書》篇名。《書・序》：「武王伐殷，往伐，歸獸，識其政事，作《武成》」）。

君戒臣下的文字，如：《康誥》（《書》篇名。《書・序》「成王既伐管叔、蔡叔，以殷餘民，封康叔，作《康誥》、《酒誥》、《梓材》」）、**《酒誥》**（《書》篇名。傳「康叔監殷民，殷民化紂嗜酒，故以作酒誥」）、**《梓材》**（《書》篇名。傳「告康叔以爲政之道，亦如梓人治材」）。

但同朝相告的，如：《微子》（《書》篇名。《書・序》：「殷既錯天命，微子作誥父師、少師」）、**《君奭》**（《書》篇名。《書・序》：「召公爲保，周公爲師，相成王爲左右，召公不悅，周公作《君奭》」。按：召公名奭，尊之曰君，故曰君奭）。

和臣告於君的，如：《西伯戡黎》（《書》篇名。《書・序》：「殷始咎周，周人乘黎，祖伊恐，奔告於受，作《西伯戡黎》」）、**《召誥》**（《書》篇名。《書・序》：「成王在豐，欲宅洛邑，使召公先相宅，作《召誥》」）、**《洛誥》**（《書》篇名。《書・序》：「召公既相宅，周公往營成周，使來告卜，作《洛誥》」）、**《立政》**（《書》篇名。《書・序》：「周公作《立政》」）**等，前人也歸入誥類。**

（五）誓　**誓是誓師時告誡將士的文字。**

如：《甘誓》（《書》篇名。《書・序》：「啓與有扈戰於甘之野，作《甘誓》」）、**《胤征》**（《書》篇名。亦作《允征》。《書・序》：「羲、和湎淫，廢時亂日，胤往征之，作《胤征》」）、**《湯誓》**（《書》篇名。《書・序》：「伊尹相湯，伐桀，升自陑，遂與桀戰於鳴條之野，作《湯誓》」）、**《泰誓》**（《書》篇名。《書・序》：「惟十有一年，武王伐殷，一月戊午，師渡孟津，作《泰誓》三篇」）、**《牧誓》**（《書》篇名。《書・序》：「武王戎車三百輛，虎賁三百人，與受戰於牧野，作《牧誓》」）、**《費誓》**（《書》篇名。《書・序》：「魯侯伯禽宅曲阜，徐夷並興，東郊不開，作《費誓》」），**又有《秦誓》**（《書》篇名。《書・序》：「秦穆公伐鄭，晉襄公帥師敗諸崤，還歸，作《秦誓》」）**是穆公既敗之後悔過自誓的文字，與餘誓略有不同，但也列入此類。**

（六）命　命是有所任使而發表的文字。

如：《說命》（《書》篇名。疏：「高宗夢得賢相，其名曰說，使百官以所夢之形象經營求之於傅氏之巖，遂命以爲相。史敍其事，作《說命》三篇」）**三篇、《微子之命》**（《書》篇名。《書・序》：「成王既黜殷命，殺武庚，命微子啓代殷後，作《微子之命》」）、**《蔡仲之命》**（《書》篇名。

《書．序》：「蔡叔既沒，王命蔡仲踐諸侯位，作《蔡仲之命》」）、《**君陳**》（《書》篇名。《書．序》：「周公既沒，命君陳分正東郊成周，作《君陳》」。按，君陳，周公旦之子，是為周平公）、《**君牙**》（《書》篇名，亦作《君雅》。《書．序》：「穆王命君牙為周大司徒，作《君牙》」）、《**冏命**》（《書》篇名。《書．序》「穆王命伯冏為周太僕正，作《冏命》」）、《**文侯之命**》（《書》篇名。《書．序》：「平王錫晉文侯秬鬯圭瓚，作《文侯之命》」），**皆授以官爵時之冊封也**。《**畢命**》（《書》篇名。《書．序》：「康王命作冊畢，分居里，成周郊，作《畢命》」），**為康王命畢公分別東郊居里之命**，《**呂刑**》（《書》篇名。《書．序》：「《呂命》，穆王訓夏贖刑，作《呂刑》」。按，《禮記》引作《甫刑》）**為穆公王命呂侯定刑書之命**，《**顧命**》（《書》篇名。《書．序》：「成王將崩，命召公、畢公率諸侯相康王，作《顧命》」）**為成王以康王託付群臣之詞**。

《**易經**》**為卜筮之書，未經秦火，所以無多爭執，《書經》的爭執就多了**。《**漢書．藝文志**》**說：「秦燔書禁學，濟南伏生**（漢濟南人，名勝，字子賤，秦時博士）**獨壁藏之，漢興亡失，求得二十九篇，以教齊、魯之間。」孝文帝使鼂錯受書於伏生，錯遂以**

漢隸寫之，這就是「今文尚書」。至於「古文尚書」，《漢志》裏也說到，那是武帝末年魯共王壞孔子宅，從壁中得着的。除《尚書》之外還有《禮記》、《論語》、《孝經》凡數十篇。其文字自和漢隸不同，所以當時稱之為「古文尚書」。孔子後裔孔安國拿他和伏生的二十九篇來比較，多出十六篇，文字訓詁亦多不同。安國既讀通，就獻之於朝廷，適逢其時有「巫蠱之亂」（漢武帝信方士，諸巫多聚京師，女巫往來宮中，教宮人度厄，每屋輒埋木人祭祀之，後因妬忌恚詈，更相告訐，以爲祝詛。會帝病，江充言疾在巫蠱。乃以充爲使者，掘蠱宮中治其獄。充與太子據有隙，謬言太子宮得木人尤多，太子懼，矯節誅充，發兵反，兵敗自殺。後田千秋訟太子冤，得雪，復族充之家。史稱巫蠱之獄，亦稱巫蠱之亂），武帝很不高興，對於這種古文書籍，遂予擱置。所以學官弟子都不研讀，仍以《今文尚書》為本。並且有時還要攻擊《古文尚書》，說是後人偽造。古文家則說，今文傳寫多有偽誤，古文是直接傳下來，最為可靠。兩家互駁，成為經學中一個大問題，直到現在還未解決。

《古文尚書》經此波折，流傳不盛，不久竟至失傳。別有「偽古文」的發現，說者謂出於王肅（三國魏東海人，字子雍，太和中，官至中領軍散騎常侍。善賈逵、馬融之學，而不好鄭氏。爲《尚書》、《詩》、《論語》、《三禮》、《左氏解》及撰定父朗所作《易傳》）之手，更撰偽傳，託名於孔安國。晉代永嘉之亂，書籍散亡頗多，《今文尚書》也就衰微，僅《大傳》尚存，相傳是伏生所作。或說《尚書》，或不說《尚書》，零章斷句，不足見其全。梅賾（晉西平人，字仲眞。元帝初，官豫章內史。初，漢孔安國奉詔作《古文尚書傳》，會巫蠱事起，未及立學官而亡。至賾，得《孔氏傳》而奏之，後人疑爲僞造。至清閻若璩作《古文尚書疏證》，其僞愈明）即以王肅之偽《古文尚書》為孔壁之真古文。他分析伏生二十八篇為三十三篇，加以偽古文二十五篇，共五十八篇，真、偽古文互相混雜。又如《舜典》既亡，遂從《堯典》中分其下半為之，別加「曰若稽古帝舜」等二十八字，更是偽中之偽。唐代纂定《五經正義》即用此本。自宋以後即有人做辨偽的工作，直到現在總算分別清楚了（詳後）。

《書經》可算是真偽參半，現在有人並其中真的一部分也懷疑為偽，那就太過了。因就文字而論，和傳世的三代金石文字極其相似，金文既非全假，則《書經》中真的部分，也絕非後人所能偽造。所以未可一概抹殺，可惜殘闕不全，不能保存古代史料，所幸伏生所撰的《書序》還在，略可窺見孔子刪定的百篇的梗概。但是，也有人懷疑《書序》是假，那就很難說了。

第五講　詩

《詩經》（書名，爲古詩之經孔子删定者，凡三百五篇。分《國風》、《小雅》、《大雅》、《頌》四體。《史記・儒林傳》述漢初經師，言《詩》有齊、魯、韓三家，皆立於學官，《漢書・藝文志》始列《毛詩》與《毛詩故訓傳》。後齊、魯、韓三家皆亡而《毛傳》孤行，故《詩經》亦稱《毛詩》）。是古代歌謠的總集。人類天生就有情感和意志，當感情流露意志發動的時候，自然從口中吟詠出來，即是「歌謠」。假如經過一番修飾，用文字寫下來，即成為「詩」。所以，《虞書》（《尚書》記虞代之書曰《虞書》，自《堯典》至《益稷》，凡五篇）說：「詩言志，歌永言。」《詩・大序》也說：「詩者志之所之也，在心為志，發言為詩。」這就是說「詩」和「意志」的關係。但《詩・大序》又說：「情動於中而形於言，言之不足，故嗟嘆之，嗟嘆之不足，故永歌之，永歌之不足，不知手之舞之，足之蹈之。」

這正是說「詩」和「情感」的關係。世人或以詩為專門「攄情」（即抒情）者，不知詩亦有「言志」之用，未免偏而不全了。

相傳古代有「遒人」（宣令之官也。《書．胤征》「遒人以木鐸徇於路。」）之官」，每年在八月時，乘著輶軒（輕車），周遊國中，採取歌謠，以陳於天子。從這些歌謠中，很可以看各地的風俗、人情，這就是《詩經》所稱的「國風」了。所以朱子（朱熹。宋代理學集大成者。清康熙中升位於十哲之次，世稱朱子）說：「風者，民俗歌謠之詞也。」大概都是里巷間小民所作，往往不知作者姓名。

現在通行的《詩經》，大部分都是周代的作品，（中有《商頌》五篇，舊說是商代之詩，但也有人說是周代宋國所作的。）當是周室所採集者，本有三千餘篇，孔子刪去其中重複的，取其可以施於禮樂的，僅存了三百五篇。別有《笙詩》六篇，有聲無詞，故總數應為三百一十一篇，後人僅舉大數，統稱為「詩三百」了。但此說亦不盡可靠，因先秦典籍所引詩句，多在三百篇中，逸詩（不見於今《詩經》三百十一篇內之古詩）甚少。故三千之說恐是誇張，而三百之數，亦不盡屬孔子删定了。《詩經》都能弦歌，不僅恃竹帛，所以雖經秦火，竟能無甚損失，較他經為幸運了。

《詩經》既屬歌謠，來自各地，所以內容極其豐富。孔子曾說：「《詩》可以興、可以群、可以觀、可以怨。邇之事父，遠之事君。多識於鳥、獸、草、木之名。」可見古代人的重視此書了。春秋時士大夫相與言談，每遇到不便直陳的時候，就引用一句《詩經》來比況，所以《詩經》又是「詞令」的淵泉。孔子曾說：「誦《詩》三百，使於四方，不能專對，雖多亦奚以為？」是外交家亦不能不讀。《詩經》雖不少譏刺的地方，甚或是怨懷，但須知道這些作者的心，都很忠厚。所以《禮記》裡說：「溫柔敦厚，詩教也。」孔子也說：「《詩》三百，一言以蔽之，曰：思無邪。」近人則謂：「《詩經》時代，正當地主沒落時期，一部分是農民的呼籲，一部分是貴族的哀音，並非成周盛世，嘉言懿行。」是則觀點不同，結論亦大異矣。

詩有六義，六義者：風、賦、比、興、雅、頌。分為兩種性質，風、雅、頌是詩的體裁，賦、比、興是詩的作法。分釋於後：

（一）風

《詩經》說：「風者，風也，上以風化下，下以風刺上。主文而譎諫，言之者無罪，聞之者足以戒，故曰風。至於王道衰，禮義廢，政教失，國異政，家異俗，而變風、變雅作矣。」其實「風」只有風刺的作用，小民疾苦無可告語，只有發之於歌謠，聊以寄其憤慨罷了。在上的要教化小民，是用不着歌謠的，所以十五國風裏面，幾乎都是閭巷風土。如《七月》（《詩．豳風》篇名。《序》謂：「陳王業也。周公遭變，故陳后稷先公風化之所由，致王業之艱難」）言農民之苦，《伐檀》（《詩．魏風》篇名。刺在位貪鄙，無功而受祿，君子不得進仕爾）譏素餐（猶徒食，吃白食）之可恥，皆所謂變風也。即正風之《關雎》（《詩．周南》首篇篇名）、《葛覃》（《詩．周南》篇名。詩意有勸勤習女工之意）也不過寫的男女情思，何嘗是后妃德化呢！

三百篇中屬於風者有百六十一篇，分為十五國（周南、召南、邶、鄘、衛、王、鄭、齊、魏、唐、秦、陳、檜、曹、豳。）獨無楚風。後來有《楚辭》，在文藝界卻顯得特別異彩，很足以補國風的缺憾了。

（二）雅

《詩序》說：「言天下之事，形四方之風，謂之雅。雅者，正也，言王政之所由興廢也。政有大小，故有小雅焉，有大雅焉。」朱子說：「雅則燕享（同宴饗）朝會（《左傳》昭十三年：「是故明王之制，使諸侯歲聘以志業，閒朝以講禮，再朝而會以示威。」杜注：三年而一朝，六年而一會）公卿大夫之作。」是則雅為官府中享燕時所歌之詩也。

那末，雅是些冠冕堂皇的作品了。但是知識份子的士大夫們，有時感於政治的不滿意，也會發一番怨憤的呼聲。可是語調思想等等方面，每和小民的謠諺不同，那就是前人所說的「變雅」了。

今將雅中的大、小、正、變列表於後：

小雅	
正	變
《鹿鳴》至《菁菁者莪》	《六月》至《何草不黃》

大雅	
正	變
《文王》至《卷阿》	《民勞》至《召旻》

（三）頌

《詩序》說：「頌盛德之形容，以其成功，告於神明者也。」

朱子說：「頌則鬼神宗廟祭祀歌舞之歌。」專用於宗廟祭祀，自然有美無刺，故亦無正、變之分。今《詩經》中有《周頌》、《魯頌》、《商頌》三種。

（四）賦

朱子說：「賦者，敷陳其事而直言之。如：《葛覃》、《卷耳》（《詩·周南》篇名。婦人因采卷耳陟高山，而念其夫行役，憫其勞苦之作）之類是也。」

（五）比

朱子說：「以彼物比此物。如：《螽斯》（《詩·周南》篇名，以螽斯喻子孫眾多）、《綠衣》（《詩・邶風》篇名。綠間色，黃正色，間色爲衣，正色爲裏爲裳，喻妾上僭，夫人失位。衛莊公不能正嫡妾之分，莊姜傷之，而作是詩）之類是也。」

（六）興

朱子說：「先言他物，以引起所詠之詞。如：《關雎》、《兔罝》（《詩・周南》篇名。文王時，賢臣眾多，雖罝兔鄙人，其才可用，是舉微見著）之類是也。」

前三種為體裁，後三種為方法。其實，後三種何嘗不是體裁！自漢以後，賦體大盛，無待多證。後世比喻文甚多，雖無比名，實是很大的一個體裁。《詩》中常有所謂「秋興」、「偶感」等題，正是六義中的興體。所以詩的六義，亦即是六體罷了。《詩經》中又有「四始」，即指各類中之首篇。《關雎》為《風》始，《鹿鳴》為《小雅》始，《文王》為《大雅》始，《清廟》（《詩・周頌》篇名。《序》謂：「祀文王也，周公既成洛邑，朝諸侯，率以祀文王焉」）為《頌》始（見《史記》）。這種說法雖無要義，卻還平實，而或附會干支、五行，愈不可信。

第六講 禮

禮是人類交際的儀式，社會組織的法制。上古時代生活於「自然」之中，奸巧未生，不像後世繁複詐僞，所以也無所謂「禮」。後來生齒日繁，巧僞萌生，那就不能不有一種禮來維持秩序。但這些禮，並不是那一個人有意來訂定的，卻是那時候社會中所通行，略加損益罷了。前人謂禮是「聖人緣人情，本習俗」所訂的，即此意也。

現在傳世的《禮經》有三種：

一是《儀禮》（於漢代已殘缺，其時所傳，有戴德本、戴聖本及劉向別錄本。三本之篇第先後各不相同，今傳者，爲鄭玄所注，即別錄本）。

二是《周禮》（本名《周官》，至劉歆始改稱《周禮》，亦稱《周官經》。書分《天官》、《地官》、《春官》、《夏官》、《秋官》、《冬官》六篇。舊傳爲周公制作，亦有疑爲劉歆僞作)。

三是《禮記》(亦稱《小戴記》，漢戴聖所記)。合稱《三禮》。

禮本是交際的儀式，所以《儀禮》一書，應是禮的本經。略可分為五類，即：吉、凶、軍、賓、嘉，是為「五禮」。但周旋、玉帛不過是禮的外表，「敬」才是禮的精神。所以《禮記》上說：「先王立禮，有本有文。忠信，禮之本也。義理，禮之文也。無本不立，無文不行。」發明禮的精神方面的有《禮記》一書，和《儀禮》互相表裏。《儀禮》是經，《禮記》是記，記，猶言傳注也。《周禮》是周代的官制，國家組織具見於是，前人也列入禮類了。

《周禮》相傳為周公相成王時，制禮作樂，設官分職，所制的禮，即是此禮。因為秦火之後，漢代搜求遺書，《儀禮》先出，《周禮》之出較後，所以漢人稱《儀禮》單名曰《禮》，而《周禮》則名《周官》。並且今文家如何休(東漢任城樊人，字邵公，爲董仲舒四傳弟子，精研六經。因太傅陳蕃辟之參政事，蕃敗，坐廢錮，乃作《春秋公羊解詁》。

又追述今文家李育之遺說，伸《公羊》而駁《左傳》、《穀梁》，有著），更疑其為六國時人所作，瀆亂不經，非出周公之手。惟劉歆（漢時人，向之少子。字子駿，後改名秀，字穎叔。河平中，與父向總校群書。向死，繼父業整理六藝群書，編成《七略》。曾建議爲《周禮》、《左傳》、《毛詩》、《古文尚書》等古文經設置博士，遭今文學派反對。王莽篡位，歆任國師，後因參與謀殺王莽事件，事敗自殺）、鄭玄等則篤信為周公致太平（《後漢書．謝夷吾傳》：「臣聞堯登稷契，致隆太平」）之迹。這為今、古文家爭執的一個重要之點。

全書分為六篇，即六官：一《天官》，冢宰；二《地官》，司徒；三《春官》，宗伯；四《夏官》，司馬；五《秋官》，司寇；六《冬官》，司空。

《冬官》一篇，經秦火而佚，漢時以《考工記》（書名，凡一卷。即今《周禮》第六篇，專言百工事。漢河間獻王得《周禮》，惟缺《冬官》，取《考工記》補之。於是《經》與《記》合爲一書）補其缺。此書所載與他經所載周代制度不盡合。但周代八百餘年，歷時甚久，典章制度因時損益，在所難免，不必以此致疑。且其規模宏闊而細密，處處皆顧到人民，與後世設官，專以奉養君主者尤大大不同，所以後世推崇是書者不乏其人。

《儀禮》相傳亦是周公所作，蓋損益前代冠、昏、喪、祭、朝、聘、射、饗之禮，使歸於正，以示天下者。經秦火以後，僅存高堂生（漢魯人，字伯，官博士。傳《禮書》十七篇，授瑕丘蕭奮，歷數傳至戴德、戴聖，言禮者多宗之）的今文十七篇，以士禮為多，故漢人亦稱是書為《士禮》，以其殘缺，不足稱《禮經》之全也。大夫之禮，僅有祭禮；諸侯之禮，僅有覲禮。且十七篇中，無一軍禮，則五禮（古以祭祀之事爲吉禮，冠昏之事爲嘉禮，賓客之事爲賓禮，軍旅之事爲軍禮，喪葬之事爲凶禮，合稱五禮）亦竟不備了。漢時河間獻王（漢景帝子，名德，封河間王。修學好古，多得先秦舊書。卒謚獻）得古《禮經》五十六篇，為古文，較今文多出三十九篇，可惜不久即失傳，故今世所行者，仍僅十七篇。

《禮記》一書，大都為孔門弟子所作，解說《儀禮》之精義，本來似乎是各自單行。漢初求書，得着不少，河間獻王又收輯了些，均藏於漢室，經劉向（原名更生，字子政，高祖弟楚元王四世孫。成帝時更名向，校閱經、傳、諸子、詩、賦等，寫成《別錄》一書，爲我國最早之分類目錄）校訂，合得二百一十四篇。戴德（漢梁人，字延君，爲信都王太傅。與兄子聖，同受禮於后蒼，世稱大戴）刪其繁重，著定為八十五篇，謂之《大戴記》。其從子聖（漢梁人，字次君，世稱小戴。）又刪《大戴記》，存四十九篇，謂之《小戴記》，即今世所行之《禮記》。

《隋志》謂：「《小戴記》本來祇四十六篇，馬融（東漢扶風人，字季長。安帝時爲校書郎，校書東觀，桓帝時爲議書郎。學博才高，授徒數千人，鄭玄、盧植等皆出其門）傳小戴之學，增入《月令》（《禮記》篇名。《禮・月令》疏引《鄭玄目錄》：「名曰《月令》者，以其記十二月政之所行也，本《呂氏春秋・十二月記》之首章也。禮家好事，抄合爲此篇）、《明堂位》（《禮記》篇名。《鄭玄目錄》云：「名《明堂位》者，以其記諸侯朝周公於明堂之時，所陳列之位也」）、《樂記》（《禮記》篇名。《禮・樂記注》：「名曰《樂記》者，以其記樂之義」）三篇，才有四十九篇。」這話是不對的。

《禮記》中多述禮之制度，而言義理者有：《禮運》（《禮記》篇名。以其記五帝、三王相變易及陰陽轉旋之道）、**《禮器》**（《禮記》篇名。以其禮使人成器之義也）、**《表記》**（《禮記》篇名。以其記君子之德見於儀表）、**《坊記》**（《禮記》篇名。坊通防。《禮記．坊記注》：「坊，音防。名《坊記》者，以其記六藝之義，所以坊人之失也」）、**《學記》**（《禮記》篇名。以其記人學教之義）、**《樂記》諸篇。其中《大學》**（《禮記》篇名。《禮．大學》疏引《鄭玄目錄》云：「名曰《大學》者，以其記博學可以爲政也。此《大學》之篇，論學成之事，能治其國，章明其德於天下，卻本明德所由，先從誠意爲始」）、**《中庸》**（《禮記》篇名。《禮．中庸》疏引《鄭玄目錄》云：「《中庸》者，以其中和之爲用也。庸，用也。孔子之孫子思伋作之，以昭明聖祖之德」）**兩篇，宋人提出和《論語》、《孟子》，合稱四子書。《樂記》一篇是劉向校書時，發現河間獻王所采集的，原有二十三篇，斷取十一篇，合為《樂記》，編《禮記》中以補《樂經》的遺佚。**

第七講　春　秋

杜預（晉杜陵人，字元凱。博學多通，朝野號曰杜武庫。身不能武而善用兵。功成之後，耽思經籍，酷嗜《左傳》，自謂有《左傳》癖。嘗著《春秋左氏經傳集解》及《春秋長歷》，成一家之言）**說：「《春秋》者，魯史記之名也。」這是根據孟子的說法。孟子說：「楚曰：『檮杌』，晉曰：『乘』，魯曰：『春秋』。」但有人說：「《春秋》是通名，不僅限於魯國，夏、商時已有此名，魯國採用之罷了。」**

其所以名為《春秋》者，前人有四種解釋：

杜預謂：「記事者以事繫日，以日繫月，以月繫時，以時繫年，所以記遠近，別異同也。故史之所記，必表年以首事，年有四時，故錯舉以為所記之名。」

《通志》（書名，凡二百卷，宋鄭樵撰。仿通史之例為之，分紀傳、年譜及二十略）**有兩**

說：一謂：「賞以春夏，刑以秋冬，《春秋》之書寓褒貶刑賞在焉，故曰『春秋』。」二謂：「孔子作是書，春獲麟（春秋魯哀公十四年春「西狩獲麟」。鍾文烝《穀梁補注》云「麟既爲聖人出，而適出於修《春秋》三年之後，遂以絕筆焉。於是七十之徒，因以爲《春秋》文成所致，自是學者相承用之」）而秋成書，故謂之《春秋》。」《玉海》（書名，凡二百卷，附《詞學指南》四卷。宋王應麟撰）謂：「天有四時，春為陽中，萬物以生。秋為陰中，萬物以成。故備舉之。」

杜說質實近理，餘皆從孔子附會，不足信。

魯史舊文僅記其事，未必有義。孔子覩周室衰微，自衛返魯，傷道不行，取魯舊史，考其真偽，志其典禮，遵周公之遺志，一一而刊正之，故謂之修。孟子說：「王者之迹熄而《詩》亡，《詩》亡然後《春秋》作。」「世道衰微，邪說暴行有作，臣弒其君者有之，子弒其父者有之。孔子懼，作《春秋》。」「孔子成《春秋》，而亂臣賊子懼。」

孔子既在這部書中寓有刺譏褒貶之義，所以筆則筆、削則削（古用竹簡記載文字，有所竄改則削之。因謂記載曰筆，刪改曰削），**游**（子游，孔子弟子。春秋吳人，姓言，名偃，子游其字也。特習於禮，尤以文學著）、**夏**（子夏，春秋衛人。姓卜，名商，孔子弟子。擅文學，習於詩。孔門詩學，由子夏六傳至孫卿，再傳浮丘伯，爲《魯詩》之祖。復授毛亨，爲《毛詩》之祖。又《公》、《穀》二傳，咸傳自子夏。孔子沒後，子夏講學於西河，魏文侯師事之）**不能贊一詞。孔子也曾說過：「知我、罪我，其在《春秋》。」可知《春秋》已修之後，不僅是魯史，實在是孔子政治理想所寄託了。**

《春秋》有三傳，《左氏》、《公羊》、《穀梁》是也。《漢志》（《漢書·地理志、藝文志》等，爲最早系統敘述我國地理、疆域、政區、學術著作源流之著作。後學者引用《漢書》兩志，往往省稱爲《漢志》）**說：「周室既微，載籍殘缺，仲尼以魯周公之後，禮文備物，史官有法，故與左丘明觀其史記，據行事，仍人道，因興以立功，就敗以成罰，假日月以定曆數，藉朝聘以正禮樂，有所褒諱貶損，不可書見，口授弟子，弟子退而異言。丘明恐弟子各安其意以失其真，故論本事而作傳，明夫子不以空言說經也。《春**

秋》所貶損大人，當世君臣，有威權勢力，其事實皆形於傳，是以隱其書而不宣，所以免時難也。及末世口說流行，故有《公羊》、《穀梁》、《鄒》、《夾》之傳。四家之中《公羊》、《穀梁》立於學官，《鄒氏》無師，《夾氏》未有書。」

前人相傳，左邱明既與孔子同時，親見聖人，又復博綜百國寶書，論本事而作傳，其所是非，頗能得孔子之意。然漢初無師，書出最晚，故今文家頗多攻擊。說這個「左氏」是戰國時人，並非左邱明，甚或說是劉歆僞造。立論稍平者，亦僅說：「《左傳》是史，不傳《春秋》之義。」但《公》、《穀》既不載本事，徒推尋於字句之間，又怎能得是非之公呢！《左氏》詳載實迹，使論事者信而有徵，則其羽翼聖經之功，過《公》、《穀》遠矣！

《公羊傳》相傳為公羊高（周末齊人，子夏弟子。相傳作《春秋傳》，世稱《春秋公羊傳》）作，高是子夏弟子。然昔人傳經都憑口耳，未嘗著於竹帛。直至漢景帝時，高的裔孫壽，才寫定成書，則現在的《公羊傳》是壽所作，去孔子修《春秋》時已經遼遠了。

傳文簡質，也看不出甚麼非常可怪之處，後來何休作注，發明《公羊》之義，那就頗多新說了。

有所謂三科九旨者，三科，是「張三世」、「存三統」、「異內外」。每科有三旨，故稱九旨。

「張三世」者，《春秋》分十二世為三等，有「見三世」、有「聞四世」、有「傳聞五世」。**哀**（魯哀公。公元前四九四年，魯哀公元年）、**定**（魯定公。公元前五零九年，魯定公元年）、**昭**（魯昭公。公元前五四一年，魯昭公元年）**三公之事，孔子所見也**。**襄**（魯襄公。公元前五七二年，魯襄公元年）、**成**（魯成公。公元前五九零年，魯成公元年）、**宣**（魯宣公。公元前六零八年，魯宣公元年）、**文**（魯文公。公元前六二六年，魯文公元年）**四公之事，孔子之所聞也**。**僖**（魯僖公。公元前六五九年，魯僖公元年）、**閔**（魯閔公。公元前六六一年，魯閔公元年）、**莊**（魯莊公。公元前六九三年，魯莊公元年）、**桓**（魯桓公。公元前七一一年，魯桓公元年）、**隱**（魯隱公。公元前七二二年，魯隱公元年）**五公之事，孔子之所傳聞也**。

於「所見」，微其詞（微詞，非明言而隱以見其意之謂）。於「所聞」，痛其禍（疾恨其禍也）。於「所傳聞」，殺其恩。書法（意謂史筆。孔子修《魯史記》及《春秋》，即孔子之書法也。《左傳》宣二年：孔子曰：「董狐古之良史也，書法不隱」）詳略各異。

「存三統」者，絀夏存周，以《春秋》當新王，意謂繼周而王者。當討殷、周二王後，以存三王之統。

「異內外」者，內其國而外諸夏，內諸夏而外四夷，書法詳於內而略於外，以見王化自近及遠也。

《穀梁傳》相傳為穀梁赤作，赤亦子夏弟子。《公羊傳》既非高親撰，則《穀梁傳》亦必為傳其學者所撰定，不過推其淵源所出，題以赤名罷了。《公》、《穀》既同出子夏，故其文體、義例略相近。但《公羊傳》經何休的附會，頗多新義，《穀梁傳》則沒有這些說法，故較為平實。《公》、《穀》在漢時同列學官，《公羊》先出，時人多尊奉之，《穀梁》之出較後，不及《公羊》之顯。公羊，齊人，故稱齊學。穀梁，魯人，故稱魯學。兩家同為今文，《左傳》則為古文。

第八講　論語　孟子　孝經　爾雅

《論語》者，《漢志》說：「孔子應答時人，及弟子相與言而接問於夫子之語也。當時弟子各有所記，夫子既卒，門人相與輯而論纂，故謂之《論語》。」他書記載孔子言行，每多附會，此書最平易可信。漢時傳其學者，有：《魯論》（《今文論語》之一本，即今《論語》，凡二十篇，魯人所傳）、《齊論》（《今文論語》之一本，齊人所傳，久佚。《漢志》《論語》有《齊論》二十二篇，比《魯論》多《問王》及《知道》二篇）、《古論》（《古文論語》也，久亡。《漢志》《論語》有《古論》二十一篇。考《魯論》二十篇，而《古論》有二十一篇者，蓋分《堯曰》篇後子張問「何如可以從政」以下爲篇，名曰《從政》，故多一篇。何晏《論語集解序》曰：「魯恭王壞孔子宅，得《古文論語》，《古論》唯孔安國之訓說，而世不傳，馬融亦爲之訓說」。按，馬氏訓說亦久佚）之別。鄭玄以《魯論》篇章為主，而以《齊》、《古》

為參考，為之作注，定為二十篇，即今世所傳者也。

孟子名軻，鄒人也，受業於子思之門人。道既通，遊事齊、梁，都不見用。《史記》說他退而與萬章之徒序《詩》、《書》，述仲尼之意，作《孟子》七篇。是現在的《孟子》雖由萬章輩序述，卻有孟子親自參加主編的了。《漢志》本來列在儒家，宋代才尊之為經，並且又編入四子書內。其書之宗旨，在道性善、明仁義、距楊、墨（楊，楊朱；墨，墨翟。楊氏爲我，墨氏兼愛，儒家並目爲異端）。實儒家的正宗，為孔門的嫡派，非其他儒書可比也。

四子書者，《論語》、《孟子》、《大學》、《中庸》也。《大學》、《中庸》本是《禮記》中的兩篇，都是通論的性質，與《禮記》中他篇之釋禮者不同，所以《漢志》中已有《中庸說》二篇，是漢時已單行了。宋初司馬光（宋陝州夏縣涑水鄉人，字君實，世稱涑水先生。寶元進士，累官端明學士，反對王安石新法。哲宗時入相。盡除新法。著有《資治通鑑》及《獨樂園集》等）曾為二書撰《廣義》，則表彰二書不自二程（謂宋儒程顥、程頤兄弟）

始，特自二程始詳為推闡，至朱子（宋儒朱熹）**始確定四書之名罷了。**

《大學》者，大人之學也，相傳為曾子（春秋魯武城人，點之子，名參，字子輿，孔子弟子。事親至孝，悟聖道一貫之旨，以其學傳子思，後世稱爲宗聖）**述孔子言，其中有三綱八目。三綱者：明德**（光明之德也。《禮．大學》「大學之道，在明明德」。按，謂身有明德而更光顯之）、**新民、止於至善也。八目者：格物**（《禮．大學》「致知在格物」。朱注解格物爲窮至事物之理，蓋以格字古訓爲來，來可訓至，故解爲窮至。司馬光訓格爲扞格之格，格物謂格物欲。王守仁訓格爲正，以物爲意之用，格物乃正意之不正以歸於正也），**致知**（《禮．大學》「欲正其心者先誠其意，欲誠其意者先致其知。致知在格物」。謂獲知之途），**誠意，正心，修身**（謂涵養德性而進於實踐也），**齊家**（齊，整治也。《禮．大學》「欲治其國者，先治其家，欲齊其家者，先修其身」），**治國，平天下也。**

《中庸》者，不偏不倚，無過不及之道理也。相傳為子思（孔子孫，名伋，子思其字也。受學於曾子。繼孔子之傳，作《子思》二十三篇，後世稱爲述聖）**所記，以述其聖祖**

之德者。宋人研究理學（亦云性理學、道學。東漢以來，治經專重訓詁，宋儒則以義理爲主，故有理學之稱。又以其兼談性命，故亦稱性理學。又稱宋學，則以別於漢學而言），其要點在「明道體」、「辨功夫」。而《大學》、《中庸》正是說這些事，所以宋人極力推崇了。

《孝經》，相傳是孔子為曾子作的。《史記》說：「孔子以曾參為能通孝道，故授之業，作《孝經》。」《漢志》說：「《孝經》者，孔子為曾參陳孝道者也。夫孝，天之經，地之義，民之行也。舉大者言，故曰孝經。」但以文體辨之，不似出諸孔、曾時代。故朱子說：「是孔、曾問答之言，而曾子門人記之。」較近情理。本有今、古文的不同，經劉向合校，定為十八篇，即今世所行者。漢人頗推尊此書，列於經類，其實無甚精義。

《爾雅》者，爾，近；雅，正也。謂就近取正之意，是古代的字典和詞書。張揖（三國魏清河人，字稚讓。明帝太和中爲博士。著《埤倉》、《古今字詁》、《廣雅》，現僅存《廣雅》。又擅長書法）說：「周公著《爾雅》一篇，今俗所傳二篇。或言仲尼所增，或言子夏所益，或云叔孫通（漢薛人。初仕秦，後降漢，拜博士，號稷嗣君。漢之朝廟典禮，多由通訂定）所補，或云沛郡梁文所考。」大概是小學家綴輯群經訓詁以成書，累世增添，不必出於一人一時。雖今文家頗加反對，然終為後世研究文字學的一部重要典籍。全書分十九章，前三篇會通方言，後十六篇訓詁名物。

第九講　歷代經學

自漢武帝立「五經博士」（官名，漢武帝建元五年開始設置，以傳授儒家經典）**以後，經學遂為利祿之途，學者既盛，派別亦多，其間分合甚為繁複。究其爭執之點：漢代則有今文、古文之別，南北朝時則有南學、北學之分。及至宋代，理學家說經與漢人不同，因此有漢學**（漢儒治經，專重訓詁。後世謂訓詁之學曰漢學。與宋學對稱）**、宋學**（宋儒理學，世稱宋學，別於漢學而言）**之異；清代學術界中尤多異彩。現在西學東漸，卮言**（謂支離無首尾之言）**日出，更有信古、疑古之不同。茲以次述其大略於後：**

今文學派盛於西漢（即前漢，都長安；後漢都洛陽。長安在洛陽之西，故史稱前漢為西漢）**，其時《易》有田何**（漢臨淄人，字子莊，為戰國齊田氏族。漢初遷居杜陵，自號杜田生。精治《易》，師事東武孫虞。授弟子東武王同、雒陽田王孫、丁寬、齊伏生等）**，而施讎**（漢沛人，字長卿，從田王孫學《易》。宣帝時博士。甘露中，曾於石渠閣參與同異之議。授《易》於張禹、魯伯，並再傳彭宣、毛其如等，於是《易》有施氏之學）、**孟喜**（漢東海蘭陵人，字長卿。與施讎、梁丘賀同從田王孫學《易》，各成一家，故《易》有施、孟、梁丘之學。其學傳授於同郡白光、沛翟牧，因此《易》又有翟、孟、白之學）、**梁丘賀**（漢諸城人，字長翁。治《易》，先後受業於京房及田王孫。宣帝求房門人，得賀，使筮事而應，善之，擢爲給事中，甚見信重，官至少府）**傳之**。**《書》有伏勝**（漢濟南人，字子賤，秦時博士。始皇焚書，伏生將《尚書》藏屋中，秦亡漢立，伏生求遺書，僅得二十九篇，教於齊、魯之間），**而歐陽生**（漢千乘人，字和伯。事伏生受《尚書》，歷傳曾孫高。高孫地餘，裔孫歙，八世爲博士，均以傳業顯名，由是《尚書》有歐陽氏之學。與大、小夏侯氏三家咸立於學官，乃《尚書》中之齊學，所謂《今文尚書》是也）、**大、小夏侯**（**勝、建**）（謂漢夏侯勝及其從兄子建。勝治《尚書》，建師勝及歐陽高，左右採獲，與勝說多異同，由是《尚書》有大、小夏侯之學）**傳之**。**《詩》有魯**（**申培**）（漢魯人。少與劉郢同師齊人浮丘伯受《詩》，後郢爲楚王，令培傳其太子戊。戊爲王，不好學，對培施徒刑，申公恥而歸魯，居家教《詩》，為《詩》訓故。孝景帝時被召為太中大夫，以竇太后好黃老，不喜儒術，病免歸家。培，魯人，故所傳之詩稱《魯詩》）、**齊**（**轅固**）（漢齊人，治《詩》。景帝時為博士，後以廉直，拜清河太傅，疾免。武帝立，復以賢良徵，諸儒多嫉毀曰「固老」，罷歸，年已九十餘矣。諸齊人以《詩》顯者，皆固弟子）、**韓**（**韓嬰**）（漢燕人。為人精悍，處事分明。文帝時為博士，景帝時官至常山太傅。推詩人之意而作《內外傳》，燕、趙間言詩者從之，世稱《韓詩》）。**《禮》有高堂生**（漢魯人，以《禮》十七篇授瑕丘蕭奮，奮以授孟卿，孟卿以授后蒼，蒼以授戴德、戴聖等為治《禮》者所宗），**而后蒼**（漢郯人，字近君，官至少府。通《詩》、《禮》，《詩》授翼奉、蕭望之、匡衡，衡授琅邪師丹、伏理。又說禮數萬言，號曰《后蒼曲台記》，授梁戴德、戴聖、慶普。由是《齊詩》有翼、匡、師、伏之學。《禮》有大戴、小戴、慶氏之學）**、大、小戴**（**德、聖**）（謂漢戴德與其兄子聖。二人同受《禮》於后蒼，德傳《禮》八十五篇，稱《大戴禮》，聖傳《禮》四十九篇，稱《小戴禮》。後德傳徐良，聖傳橋仁、楊榮。由是《大戴禮》有徐氏，《小戴禮》有橋氏、楊氏之學）**傳之。《春秋公羊》**

有董仲舒（漢廣川人。少治《春秋公羊傳》，景帝時為博士，下帷講讀，三年不窺園。武帝時以賢良對策稱旨見重，拜江都相。後因言災異事下獄，幾死，不久赦免。再出為膠西王相，恐久而獲罪，乃告病免官家居。朝廷每有大事，常遣使就其家諮詢。生平講學著書，推尊儒術，抑黜百家，開以後二千多年以儒家為正統局面）、**胡母生**（漢齊人，字子都。治《公羊春秋》。景帝時為博士），**而眭弘、嚴彭祖**（漢東海下邳人，字公子，嚴延年次弟。宣帝時為博士，官至河南東郡太守，入為左馮翊，遷太子太傅。早年與顏安樂同學於眭孟，各成名家，故《公羊春秋》有顏、嚴之學）、**顏安樂傳之。《穀梁》有瑕丘江公**（漢瑕丘人。受《詩》與《穀梁春秋》於魯申公。後以授徒，受業者甚眾。時稱大江公，以別於博士江翁），**而蔡千秋之徒傳之。**

自武帝至宣帝之間，次第立博士。元帝時又立《京氏易》（京氏，謂漢京房。京房撰《京氏易傳》，凡三卷。傳焦延壽之學，故言術數者稱焦、京，而房之推衍災祥，更甚於延壽。其書凡十四種，今佚十三，惟此書以近正得傳。其所論變卦、氣候、陰陽之說，實開後世錢卜之法）。

平帝時因劉歆之請，又增置《左氏春秋》、《毛詩》、《逸禮》（《儀禮》十七篇以外之古文

《禮經》也，凡三十九篇。劉歆移太常博士書曰：「魯恭王壞孔子宅，得古文於壞壁之中，《逸禮》有三十九篇」）、《古文尚書》，然至光武而罷，不復立（劉歆所立四種為古文，餘皆今文）。

漢初先師口傳經義，求其便利通俗，皆用隸體寫書，是即「今文」一名之所由起。後來孔壁和其他地方，先後發現不少先秦舊籍，自然都是用古籀寫的。當時就有專家如孔安國、劉向等人，取以和今文比較，詳略異同很多，彼此攻擊，勢同水火。古文家說：「今文經迻寫有誤，又殘缺不全，已經失去聖人之本意。」今文家卻說：「古文經根本都是僞造，不是真的古本。」在西漢末年，爭執已很激烈，其時今文大概立於學官，古文不過行於民間罷了。可是那班今文學家既抱殘守缺，自以為滿足，卻又附會讖緯，多言災異，深為學者詬病。所以到了東漢，古文學派乃漸漸興盛起來，但朝廷方面終未明白承認。這是因為光武首信讖緯，而古文又和劉歆關係很密，劉歆降附王莽，怎麼能採用其主張呢？直至東漢之末，天下大亂，儒風漸衰，幸有鄭玄博通群經，徧為之注，總百餘萬言，巍為儒宗。漢魏之間，有王肅（三國魏東海人，字子雍。善賈逵、馬融之學，而不好鄭氏。爲《尚書》、《詩》、《論語》、《三禮》、《左》解》及撰定父郎所作《易傳》）者，初治今文，復善賈逵、馬融（東漢扶風人，字季長。安帝時爲校書郎，校書東觀，學博才高，授徒數千人，鄭玄、盧植等皆出其門）古文之學，欲於鄭氏之外別立門户，乃偽造孔安國《尚書傳》、《論語》、《孝經注》、《孔子家語》、《孔叢子》等書，以自立互證。他是晉武帝的外祖，所以其學頗盛行於晉初。鄭玄、王肅二氏皆雜揉今、古學，左右採獲，然皆不免偏重古文學派，故魏、晉以後，今學既亡佚，鄭、王繼起，沿及六朝、隋、唐，大概皆推衍古文學派之流波也。

南北朝時，天下俶擾，南華北樸，皆有缺點。然其時義疏之學大盛，承漢啟唐，亦有功於經學。以《易經》而論，鄭《易》盛行於北，而青、徐之間，亦有崇尚王弼者。南則鄭、王並重。王弼是魏時人，傳費氏（費直，漢東萊人，字長翁。治《易》，長於卦筮，亡章句，徒以《彖》、《象》、《繫辭》、《文言》解說《上、下經》。字皆古文，號《古文易》。東漢時陳元、鄭眾皆傳費氏《易》，馬融又爲之傳，以授鄭玄，玄作《易注》，荀爽又作《易傳》，魏代王肅、王弼並爲之注，於是費氏之學大興）**古文，以義理說《易》，與漢人重象數者不同，晉人喜清談，所以就盛行了。**

《毛詩》和《禮》，南、北都重鄭注。

《尚書》則北遵鄭，南用僞古文。

《春秋》則北遵服虔（東漢滎陽人，字子愼。善著文，嘗作《春秋左氏傳解》）**《左氏注》，南則用杜**（杜預，晉杜陵人，字元凱。嘗書《春秋左氏經傳集解》及《春秋長歷》）**注。**

《論語》則北用鄭，南用何晏（三國魏宛人，字平叔。嘗作《道德論》，傳於世者有《論語集解》）**《集解》。**

《爾雅》則江左尤盛行。

唐太宗命孔穎達、顏師古（唐萬年人，字籀。博覽能文，精訓詁學）**、賈公彥等撰《五經正義》**（書名。唐太宗以儒學多門，章句繁雜，詔國子監祭酒孔穎達等與諸儒撰定《五經義疏》。

凡百七十卷，名曰《五經正義》），泯南、北學之爭，使學者有所折衷，以功令所在，思想遂受其束縛，不能發揚，亦其弊也。

宋人講經，大異於古，陸游（宋越州山陰人，字務觀，號放翁。陸佃孫。紹興中試禮部，因遭秦檜忌，被黜免。游力主抗金，屢受排擠。一生寫詩近萬首，題材廣闊，多清新之作，其政治詩抒發憂國義憤，關心人民疾苦，風格雄渾豪邁，爲南宋一大家。詞與散文成就亦高。著有《劍南詩稿》、《渭南文集》、《南唐書》、《老學庵筆記》、《放翁詞》、《入蜀記》等）謂：「唐及國初學者，不敢議孔安國、鄭康成，況聖人乎？自慶曆（宋仁宗年號）後，諸儒發明經旨，非前人所及。然排《繫辭》，毀《周禮》，疑《孟子》，譏《書》之《胤征》、《顧命》，黜《詩》之《序》。不難於議經，況傳、注乎？」此可見當時疑古之風矣。故宋人之說經，務反古人而探索新義。於是，宋以後理學遂產生。其說大抵以理欲（天理與私欲。明李夢陽《空同子論學》下：「此道不明於天下，而人遂不復知理欲同行異情之義」）、心性（心情，心理）為研究之對象，絕非以前尋章摘句可比。宋儒推崇《四書》，尤足以為此種傾向之表徵。自是以後，古文學派亦就衰矣。

元、明承宋人影響，講學之風很盛，然漸流於空談，無實用。明末，顧炎武（明末江蘇崑山縣人。初名絳，字寧人，號亭林。學問淵博，於經史、典制、郡邑掌故、天文、儀象、河漕、兵農，莫不窮究原委，開清代樸學之風。著述甚多，有《日知錄》、《天下郡國利病書》、《肇域志》、《音學五書》、《亭林詩文集》等）、黃宗羲（清初餘姚人，字太沖，號梨洲。明亡，隱居不出，殫精著述，其學以濂、洛爲宗，而旁及百氏。主先窮經，而求證於史，豁然貫通，爲當代大儒。學者稱爲南雷先生。著有《宋元學案》、《明儒學案》、《易學象數論》及《南雷文定》等）、王夫之（清初衡陽人，字而農，號薑齋。生於明萬曆間。少聰穎，有異才，後歸衡陽之石船山，學者稱船山先生。其學以漢學爲門戶，以宋五子爲堂奧。所作《大學衍》、《中庸衍》，力闢陽明致良知之說以羽翼朱子。著述凡五十二種，有《船山遺書》行世）等，皆鑒於其弊，思有以改變之。雖所主不同，然皆提倡經學，開考證之風。於是，清代特盛之「漢學」，因以成立。

「漢學」又名「樸學」，義取實訓，不尚華詞，事取實證，不容空談。但二百六十餘年間，其風氣亦略有變遷。蓋宋人學說，傳世已數百年，勢力很堅定，欲以空言爭勝，頗非易事。清初，若毛奇齡（清蕭山人，字大可，一字齊于，原名甡，字初晴，學者稱西河先生。本明諸生，明亡遁隱。平生博覽群籍，深通經術。其文亦縱橫排奡，睥睨一世。兼工書畫，有古雋渾脫之譽。與毛先舒、毛際可齊名，時稱浙中三毛。惟品目嚴峻，尤喜駁辯，故爲士流所忌。所著分經集、文集，凡數百卷）之攻擊《太極圖》（宋周敦頤撰，又爲說一卷，收入《周子全書》中）及朱注《四書》。胡渭（清浙江德清人，字朏明，號東樵。專窮經義，尤精輿地之學。著《易圖明辨》，證明河圖、洛書先天太極之學，皆爲後世道流依托之作）之攻擊《易圖》，閻若璩（清太原人，字百詩，號潛邱。工詩古文，尤深於經史。讀《尚書》古文二十五篇，疑其僞，沉潛三十年，乃作《古文尚書疏證》八卷）之攻擊《僞古文尚書》。他們都用考證做利器，使對方無可辯訴。但是破壞處多，建設處尚少。後來惠棟（清吳縣人，字定宇，號松崖。士奇子，人稱小紅豆。自幼篤志好學，尤邃於《易》。著有《易漢學》、《九經古義》、《古文尚書考》、《後漢書補注》等）、戴震（清休寧人，字東原，乾隆舉人。少學於江永，究精漢儒傳注及說文諸書。爲有清一代名儒，著作甚多，有《戴氏遺書》傳世）**出，一宗顧氏博證之法，嚴守漢人注書之條例，博引群書以說經，而漢學於是確立。戴震精核尤過惠棟，以惠棟猶拘守漢儒之說，無所抉擇。戴震則參合比較，折衷以求其是也。傳其學者，以段玉裁**（清金壇人，字若膺，一字懋堂。學貫經史，尤邃於音韻、小學。著有《說文解字注》、《經韻樓集》等）**、王念孫**（清高郵人，字懷祖，學者稱石臞先生。精聲音訓詁之學，有清一代學者首推高郵王氏）**為最著，清末有孫詒讓**（清瑞安人，字仲容，號籀膏。少好六藝古文，窮經著書，其明大義，鉤深窮高，巋然爲有清三百年樸學之殿）**、俞樾**（清德清人，字蔭甫，號曲園，宗高郵王氏。著有《春在堂全書》五百卷）**，而以章炳麟**（餘杭人，一名枚叔，號太炎。少師俞樾、黃以周，精擘國學，創章氏國學講習會。治文字音韻訓詁之學，所著有《章氏叢書》）**尤嚴守其法，以治群書，為清代漢學家光榮之殿軍。**

漢學的流弊，往往陷於支離破碎，而且拘泥舊說，惟古是求，皆不足以饜學者的希望。他們所矜誇的考據、訓詁，不過追索到漢代古文家的說法，其實在其前還

有今文學說。今文學中又有所謂微言大義者，更足以滿足一般好高騖遠者之口味。因此，就有莊存與（清武進人，字方耕，乾隆進士）、劉逢祿（清武進人，字申受，號申甫，嘉慶十八年進士）等提倡西漢的今文學，他們的著作，總還謹嚴，到龔自珍（清人和人，字璱人，號定盦。道光進士）已經漸漸恢奇了。清末承其風者，有王闓運（清湘潭人，字壬秋，又字壬父）、廖平（清井研人，字季平，光緒進士）、康有為（清南海人，原名祖詒，字廣夏，一字更生，號長素，別署西樵山人），愈益恣縱。廖氏學說，凡有六變，由中國而世界，由世界而宇宙。康有為著有《新學偽經考》、《大同書》，認古文經皆劉歆假造。真可謂創為新說，勇於疑古者矣。

中國的經書，不過這幾部，而兩千年來，注釋演繹，千變萬化，令人莫衷一是。尊之者以為是天經地義，反對的又以為是陳腐的糟粕，兩說都有點過分。經書自有他本身的價值，我們應該用新方法新材料來研究，勿受前人的束縛，或者可以有一種新收穫啊。

第十講　文藝變遷

我國文藝變遷，可分純文學與散文兩種言之。散文歷代相承，變化多端。純文學之變遷，則焦循（清甘泉人，字里堂，乾隆舉人。於學，無所不通；於經，無所不至；與阮元齊名。隱居不世，殫精著述）《易餘籥錄》所論盡之。其言曰：「一代有一代之所勝，三代之詩，屈、宋之騷，漢之賦，三國、六朝之五古，唐之七律，晚唐、五代、兩宋之詞，金、元之曲，皆其勝也。」

茲分述於次：

（一）散文之變遷

今日流傳之古代散文，以《尚書》為最古，實古史也。以文體論，則書有：典、謨、訓、誥、誓、命六體。

典者，典冊尊崇之義。

謨者，嘉謨嘉猷之義。

訓者，誨導儆廸之義。

誥者，曉諭臣下之詞。

誓者，約信士民之謂。

命者，戒飭臣下之言。

遂為散文各體之祖。

迨春秋戰國時，各家思想成熟，著書各鳴其意，其文境亦有千巖競秀之觀。大抵儒家重實際，其文多平實。道家重玄想，其文多飄逸。法家尚深刻，其文多峭峻。縱橫家尚詞令，其文多宏放。墨家尚儉約，其文亦質直。要非後世文士所可及，其間尤推左、孟、荀、莊、韓非五家為最勝。

兩漢文章樸茂雄深，典麗矞皇，炳耀古今。賈誼（漢雒陽人。誦詩書，能屬文。文帝召爲博士，超遷至太中大夫。請改正朔、易服色、制法度、興禮樂。帝欲任爲公卿，絳、灌等忌而毀之，出爲長沙王太傅；渡湘水，爲賦以弔屈原，蓋以自況也。尋遷梁懷王太傅，疏陳政事，頗得治體。梁懷王墜馬死，誼自傷爲傅無狀，歲餘亦死，年僅三十三。世稱賈長沙，亦稱賈太傅，又稱賈生）、**鼂錯**（漢潁川人。鼂亦作晁。學申、商刑名。文帝時，爲太常掌故，奉命受《尚書》於伏生。累遷太子家令，時號智囊。景帝時遷御史大夫，以倡議削諸侯封地，吳、楚等七國反，以討錯爲名，帝用爰盎言，斬錯於東市）**之論政，樸實說理，自有奇氣。董仲舒論天人之際，文詞曼衍。劉向正紀綱，別是非，意態激昂。王充**（東漢上虞人，字仲任。師事班彪，博覽強識。以憤世嫉俗，乃作《論衡》八十五篇以寓意。蔡邕入吳得此書，嘆爲卓越諸子）**剗虛黜靡，詞旨雄辯。皆其至者。然求其能為後世模楷，獨步當代，則莫如司馬遷**（漢夏陽人，談子，字子長，生於龍門。武帝時仕爲郎中，奉使巴蜀，還爲太史令。天漢間，李陵降匈奴，而遷極言其忠，忤帝意，被腐刑下獄。太始初，出獄，爲中書令，卒。遷性好遊，嘗南遊江、淮，上會稽，探禹穴，窺九疑，浮沅、湘；北涉汶、泗，歷齊、魯，過梁、楚以歸；所得山川浩瀚之氣，一以發爲文章，撰《史記》一百三十篇，都五十二萬餘言）、**班固**（東漢安陵人，彪子，字孟堅。九歲能文，長益博貫。明帝時，遷爲郎，典校祕書，續父所作《漢書》，積思二十餘年乃成，爲世所重。後遷玄武司馬，撰集《白虎通義》。竇憲出征匈奴，以固爲中護軍，憲敗，洛陽令种兢捕繫固，死獄中）。

司馬遷作《史記》，竊自比於孔子成《春秋》。蓋以生平之不得意，寄託於此也。其為文，疏宕有奇氣，後之作史者莫能及，後之為文者亦莫能及也。班固作《漢書》以整飭勝，與司馬遷之文不同。司馬專用單筆，而班固則喜用耦筆。因此，《史記》、《漢書》遂為單筆、複筆之二祖。

自東漢以後，文人喜耦筆。故注《漢書》者，在隋以前遠多於注《史記》者。因喜耦筆，遂演為駢體文。其風樹於建安七子（東漢建安中，孔融、陳琳、王粲、徐幹、阮瑀、應瑒、劉楨等七人，同時以文學齊名，號建安七子。又以同居鄴中，亦稱鄴中七子），而成於六朝。遣詞務取於耦，選聲必求其諧，非不艷麗可觀。然其敝也，意存奇巧，氣累於詞，則不得不改弦更張矣。

唐代韓昌黎（唐昌黎人，亦說爲河內之南陽人。名愈，字退之，世稱韓昌黎。幼孤，刻苦學儒，及長，操行堅正，發言眞率。德宗時，登進士第，歷四門博士。官至國子祭酒，累遷吏部侍郎。愈博通經史，綜貫百家。生平觝排異端，攘斥佛、老。常以爲文章自魏、晉以還，作者多拘對耦，而經、誥之指歸，遷、雄之氣格不復振起。故其所爲文，務反近體，而沈雄奧衍，深得本原，能卓然自成一家，世稱韓文。）**出，一掃浮靡之習，所謂「文起八代之衰」是也。實則韓愈所倡者，乃不用班固之耦筆，而用《史記》之單筆耳。故自唐以後，《史記》之學盛於《漢書》。**

韓愈與柳宗元（唐河東人，字子厚，貞元進士。博學宏詞，拜監察御史。爲文雅健雄深，論議踔厲奮發）**同時，力倡古文，古文以昌。然古文之成立，亦非一蹴而幾。唐初王**（王勃，唐龍門人，字子安。六歲能文詞，及長，詞藻奇麗，爲初唐四傑之一）、**楊**（楊炯，唐華陰人。幼聰敏，舉神童，授校書郎，充崇文館學士。初唐四傑之一）、**盧**（盧照鄰，唐范陽人，字昇之。工文章。曾任新都尉，後得病疾，既久，憤而自投潁水死。初唐四傑之一）、**駱**（駱賓王，唐義烏人，幼聰異，工文章。爲敬業作《討武曌檄》，武后讀之，矍然曰：「有如此才，而使之淪落不偶，宰相之過也。」爲初唐四傑之一）**四傑，以精切豪厲相尚，已漸變六朝纖麗之習，再變而為陳子昂**（唐射洪人，字伯玉，善屬文。唐以來，文章承徐、庾餘風，至子昂始歸雅正，為世所宗）**之疏樸近古，三變而為元結**（唐河南人，字次山，天寶進士。性耿介，文章簡淡高古，一變排耦綺靡之習）、**獨孤及**（唐洛陽人，字至之，性孝友。玄宗時，舉進士。爲文長於論議，尤明辨善惡。其勝處有先秦、西漢之風）**之文，乃次第入古。韓、柳不過適逢其會耳。**

韓、柳之文，上規姚、姒（舉虞舜與夏禹之姓以謂舜、禹也。韓愈《進學解》：「上規姚、姒，渾渾無涯。」謝莊《爲八座江夏王請封禪表》：「盡陶、唐、姚、姒、商、姬之主莫不由斯道也」）**，下逮百家，不主故常，無所不有，卓然成立，遂為唐、宋文宗。與宋代歐陽修**（宋廬陵人，字永叔，自號醉翁，晚號六一居士，舉進士甲科。博通群書，詩文兼韓愈及李、杜之長，爲一代文宗。著有《新五代史》，與宋祁等合纂《新唐書》。後人又編次其詩文爲《文忠集》）、**王安石**（宋臨川人，字介甫，號半山。議論高奇，詩文險峭。第進士。神宗朝爲相，封荊國公。立意改革政治，創爲農田水利、均輸、青苗、保甲、募役、市易、保馬、方田、均稅諸新法，先後頒行之，以求成過急，任用非人，功效未顯，復遭保守勢力反對，遂自求補外而卒）、**曾鞏**（宋南豐人，字子固，嘉祐進士。邃於經術，其文慓鷙雄渾，著有《元豐類稿》）**及蘇氏父子三人**（「蘇洵」，宋眉山人，字明允，號老泉。年二十七始發憤爲學，通六經百家之說，爲文古勁簡質。與姚闢同纂《太常因革禮》百卷。「蘇軾」，洵子，字子瞻，嘉祐進士。居黃州時，築室東坡，因號東坡居士。軾爲文涵渾奔放，詩亦清疏雋逸，又善書，兼工畫。「蘇轍」，洵子，軾弟，字子由，嘉祐進士。築室於許，自號潁濱遺老。爲文汪洋淡泊，與兄軾齊名），**合稱八大家**（明茅坤輯唐韓愈、柳宗元及宋歐陽修、蘇洵、蘇軾、蘇轍、王安石、曾鞏等八家文爲《唐宋八大家文鈔》，唐宋八大家之名始著）。**八家之中，韓之排奡，柳之峻潔，歐之委婉，王之折拗，尤推獨步。**

元代尚曲，明代尚八股，古文之道不振．明代作者，如唐順之（明武進人，字應德，嘉靖中會試第一名。官編修。倭寇內侵，順之奮力抗寇，屢建勳功。於學無所不窺，工古文，長數學。學者稱荊川先生）**、歸有光**（明崑山人，字熙甫，嘉靖進士。工古文，原本經術，好太史公書，得其神理。與王世貞角逐文壇，爲明代名儒。嘗居嘉定安亭江上。學者稱震川先生）**輩，雖有聲當世，然終不脫八股氣習，無論超軼八家矣。**

清代自望溪方氏（苞）（清桐城人，字靈皋，號望溪，康熙進士，累官侍郎。學宗程朱，尤致力於《春秋》、《三禮》。其文謹嚴簡潔，爲桐城派之初祖）**，以文章稱海內，劉海峰**（劉大櫆，清桐城人，字耕南。屢試不第，晚官黟縣教諭。工古文，宏肆壯闊，頗與莊子、韓文相近，詩亦高）**繼之。同時閩人朱仕琇（梅崖）**（清建寧人，乾隆進士，工古文，著有《梅崖居士集》）**亦以古文名重輦下，姚鼐**（清桐城人，字姬傳，學者稱惜抱先生。乾隆進士，主講鍾山書院。其論學主張集義理、考據、詞章之長，不拘漢、宋門戶；精研經學，尤以古文名於世。所選《古文辭類纂》，於清代惟取方苞、劉大櫆之作，古文有桐城派之目，實自此書啓之）

師事海峰，兼師梅崖，最為時所推。論者謂：「望溪之文質，恆以理勝。海峰以才勝，學或不及。鼐則理與文兼至。」三人皆籍桐城，故世號曰桐城派。

桐城派之理論，以為義理、考據、詞章，三者不可闕一。義理為幹，然後文有所附，考據有所歸，故其為文粹然醇雅。其規範雖不能越唐宋八大家，然重義理、考據，則為八大家所無也。其流風所播，亙百餘年，學者有「天下之文章，盡在桐城」之號。咸、同之際，曾國藩（清湘鄉人，字伯涵，號滌生，道光進士。助清滅太平軍，學宗程、朱，所爲古文，深宏駿邁，以戴、段之學力，發爲班、馬之文章，嘗欲合道與文而爲一）出，調停漢、宋之爭，推尊姚氏。其為文深宏駿邁，為清代傑出之士。曾氏以後，迄無人繼之者。

（二）詩之變遷

古代詩歌，今已不能溯其源。詠歌嗟嘆，乃人情所不能自已，要必與語言、文字之發生，同其遠久，今所傳者以《虞書》（《尚書》中記虞代之書。自《堯典》至《益稷》

凡五篇）所載之舜與臯陶之賡歌為較可信。其詞互相勸勉，反覆詠嘆，實為《詩經》之祖。

《詩》三百篇，修詞之法，不外三種：曰賦，曰比，曰興。賦者，鋪也，鋪采摛文，體物寫志也。比者，附也，附理切類，以指事也。興者，起也，起情依徵，以擬議也。簡言之，賦者直陳，比者取譬，興則託事於物也。後世詩家，卒不能外。

《詩經》描寫之工，形容之妙，神乎其技。如「蒹葭蒼蒼」之寫風景，「雞棲於塒」之寫田園，「蕭蕭馬鳴」之寫行旅，「手如柔荑」之寫美人，均稱絕藝。而「悠悠蒼天」抒感慨之情，「逝將去女」寄憤懣之志，「其新孔嘉，其舊如之何？」述遠歸之況，又皆抒情之上乘也。

《詩經》以四字一句為主。蓋其時發抒性情，四言已足，以此言詩，亦以三百篇為最。後世時勢變遷，聲律自亦不能無異，四言不復能擅矣。

三百篇之流風，在戰國時變為騷，在漢時衍為五言詩。騷之變，詳次節。今述五言古詩。梁任昉（南朝梁博昌人，字彥昇。幼好學，早知名。武帝朝，爲義興、新安太守，有政聲。時祕閣四部篇卷紛雜，昉手讐校，由是篇目定焉）《文章緣起》謂：「五言古詩，創自蘇武（漢杜陵人，字子卿。武帝時，以中郎將使匈奴，單于脅降，不屈，被幽。置大窖中，齧雪吞旃。徙北海，使牧羊，仍仗漢節。留十九年，昭帝與匈奴和親，乃還，拜典屬國。宣帝立，賜關內侯，圖形麒麟閣）、李陵（漢成紀人，廣孫，字少卿。善騎射。武帝時，拜騎都尉，自請將步騎五千，伐匈奴，以少擊眾，遇敵力戰，矢盡而降。單于立爲右校王）。在蘇、李之前，枚乘（漢淮陰人，字叔。善屬文，景帝時，仕爲吳王濞郎中，濞怨望謀逆，乘諫不納，去而仕梁孝王，作《七發》以寓諷諫。孝王之客，皆善詞賦，而乘尤高。武帝時，乘年已老，帝以蒲輪徵之，道卒）、李延年等已有五言之作。《文選》之古詩十九首，稱為詩祖，作者之名，雖不盡可考，然《玉臺新詠》（凡十卷，徐陵編。所選皆自漢至梁之詩。梁簡文帝爲太子時，好作豔詩，晚年欲改作，乃令徐陵爲此書以大其體）載其首、次二首，定為枚乘。逮至蘇、李，始以成篇，嗣是汪洋於漢、魏，浸淫於晉、宋，至今陳、隋，古調遂歇絕矣」。

此可見五言詩之源委者也。若更求其源，則《詩經》中已有五言句，《楚辭》中五言句更多，蓋自此蛻化者也。

五言詩凡經數變，建安（東漢獻帝年號，公元一九六年至二二零年）**時代為五言詩成熟時期。建安七子：王粲**（三國魏高平人，字仲宣。博學多識，文詞敏贍。蔡邕奇其才，聞其在門，倒屣迎之，衆見其短小，皆爲驚異。漢末，避亂荊州依劉表，後仕魏，累官侍中）、**陳琳**（東漢末廣陵人，字孔璋。以文學與王粲等齊名。初爲何進主簿，旋事袁紹，典文章，嘗爲紹移書曹操，數其罪狀。紹敗，歸曹，操愛其才而不咎，以爲記室。軍國書檄，多出其手。嘗作檄草呈操，操正患頭風，讀其文，翕然起曰：「此愈我病」）、**阮瑀**（東漢末陳留人，字元瑜，工文章。事曹操，與陳琳同管記室，軍國書檄多琳、瑀二人所作。嘗作操《與韓遂書》，於馬上草成之，操不能增損。徙爲倉曹掾屬卒）、**應瑒**（三國魏汝南人，字德璉。有文學，識治體，曹操辟爲掾屬）、**孔融**（東漢魯國人，字文舉，孔子後。初有俊才，獻帝時，爲北海相，興學校，重儒生。性好客，嘗曰：「座上客常滿，樽中酒不空」，後爲曹操所忌，被戮）、**徐幹**（三國魏北海人，字偉長。建安中爲司空軍謀祭酒掾屬，五官將文學）、**劉楨**（東漢寧陽人，字公幹。曹操辟爲丞相掾屬。以文詞巧妙，爲諸公子所親。一日，操子丕，請諸文學酒，楨與焉，酒酣，丕命夫人甄氏出拜，坐衆皆伏，楨獨平視，操聞之，收治其罪，刑竟署吏，建安中卒），**皆一時健者，開六代之先聲。迨正始**（三國魏邵陵厲公年號。公元二四零至二四九年）**之時，風氣一變，俗尚《老》、《莊》，於是詩必柱下**（意謂老子。老子爲周柱下史，亦即御史，故稱）**之旨歸，賦乃漆園**（謂莊子。莊子在周時，嘗爲蒙漆園吏）**之義疏，理過其詞，淡乎寡味。迨於東晉，猶演其餘波，建安之風力盡矣。劉宋元嘉**（南朝宋文帝年號。公元四二四至四五三年）**之世，《老》、《莊》告退，山水詩出現，則謝靈運**（南朝宋陽夏人，玄孫，襲封康樂公。少博學，工書畫，詩文縱橫俊發，獨步江左。性奢侈，車服鮮麗，多改舊制。初爲永嘉太守，縱情山水，不理政務，免歸。隱會稽東山，作《山居賦》以自明。尋爲臨川內史，放浪猶昔，爲有司所糾，徙廣州，後有言其謀反者，拘斬之）**為之主。自漢以來，模山範水之作鮮見，而靈運則重章累什，陶寫盡情，自是風氣一變，詩人與大自然之接近，由謝氏開之。**

迨齊永明（南北朝齊武帝年號。公元四八三至四九三年）之世，鑽研聲律，而沈約（梁武康人，字休文。仕宋及齊，累官司徒左長史。武帝受禪，爲尚書僕射，遷尚書令，卒謚隱。約篤志好學，博通群籍，藏書至二萬卷。）有四聲之發明。其持論欲使宮、商相變，低、昂合節，一簡之內，音韻盡殊，兩句之中，輕重悉異。由是作者競求音律之和諧，世稱為永明體，作風又一變。其時作者以謝朓（南齊陽夏人，字玄暉。文章清麗，工五言詩。高宗時，以中書郎出爲宣城太守。建武間，遷尚書吏部郎。後因事收付廷尉下獄死）為第一，沈約稱之曰：「二百年來無此作也」。唐時李白（唐蜀昌明青蓮人，字太白，號青蓮居士。天才英特，所爲詩俊逸高暢，賀知章嘆爲謫仙。言於玄宗，供奉翰林，甚見愛重。一日，侍宴酒醉，命宦官高力士脫靴，力士耻之，摘白所作《清平調》句以激楊貴妃；因是帝屢欲授白以官，而輒爲妃所阻。後坐事長流夜郎，會赦得還。代宗立，以左拾遺召，而白已卒）亦一再稱之。蓋其妙處有非他人可及者，然以風格論，則固遜於前也。

自沈約發明聲律，而作詩者，變蹈厲為柔和，齊、梁之詩乃與往昔異趨。試一覆按齊、梁之詩，乃介乎古詩與律詩之間者也。至唐乃專以近體詩勝矣。

唐代杜甫（唐襄陽人，字子美，審言從孫。居杜陵，自稱杜陵布衣，又稱少陵野老。後人以別於杜牧，稱為老杜。少貧，舉進士不第。玄宗時以獻賦待制集賢院。肅宗立，拜右拾遺，出為華州司功參軍。尋棄官依嚴武，武表為檢校工部員外郎，後人因稱杜工部。大曆中遊耒陽，大醉卒。甫善為詩歌，雄渾奔放，與李白齊名，時稱李杜。尤多即事憂時之作，世稱詩史）、**劉長卿**（唐河間人，字文房，開元進士，官終隨州刺史。工五言詩，有五言長城之稱）、孟浩然（唐襄陽人，工五言古詩，與王維均學陶，世稱孟襄陽）、**王維**（唐祁人，字摩詰。開元進士，累官尚書右丞，世稱王右丞。工詩善書，尤以擅畫名。世稱其詩中有畫，畫中有詩。所作山水，以平遠勝，為南宗畫派之始。生平奉佛，素服長齋，營別墅於輞川）、**李白**、**崔顥**（唐汴州人，開元十一年進士，天寶間任尚書司勳員外郎。以詩名，嘗登武昌黃鶴樓賦詩，為李白所推重）、**白居易**（唐太原人，字樂天，貞元進士，遷左拾遺，出為江州司馬，歷刺杭、蘇二州。文宗立，遷刑部侍郎，會昌間，以刑部尚書致仕。文章精切，詩平易近人，與元稹齊名，時稱元白。歸後居香山，與詩僧如滿結香火社，自號香山居士）、**李商隱**（唐河內人，字義山，又號玉谿生。開成進士，累官工部員外郎。爲文偶儷繁縟，瑰奇邁古，詩綺麗綿密，得老杜之藩籬，與溫庭筠、段成式齊名）**之五律、七律，六朝以前所未有也。若陳子昂**（唐射洪人，字伯玉，善屬文，擢進士第。武后朝，爲麟台正，遷拾遺。唐以來，文章承徐、庾餘風，至子昂始歸雅正，爲世所宗。其《感遇詩》尤有名）、**張九齡**（唐曲江人，字子壽，文學冠一時，玄宗擢進士第，官左拾遺。帝生日，大臣皆獻寶鑑，獨九齡上《事鑑十章》以伸諷諫，號《千秋金鑑錄》。累官中書令，爲相，封曲江男。立朝謇諤有大臣節，爲張說所重。諫用李林甫、牛仙客，皆不聽，卒爲林甫所扼，罷政事。天下稱曲江公）、**韋應物**（唐京兆人。玄宗時，官至右司郎中。德宗時，出爲蘇州刺史，世稱韋蘇州。其詩閒澹簡遠，論者比之陶淵明，稱陶韋）**之五言古詩，要不能出漢、魏人之範圍。論唐詩者，當以五律、七律為先也。**

此外，唐代所擅長者，為七言古詩。七古創自項羽《垓下歌》，然作者甚少。漢、魏、六朝盛行五言，惟樂府（原爲官署名，職在采詩歌被管弦以入樂，後世因以樂府官署所采獲保存之詩歌爲樂府）**歌行**（樂府詩歌體之一，明徐師曾《詩體明辨》：「自琴曲之外，其放情長言，雜而無方者曰歌，步驟馳騁，疏而不滯者曰行，兼之曰歌行」）**偶用七言耳，至唐代則七言古詩大行。初唐四傑之婉轉流麗，盛唐李、杜之縱橫宕逸，中唐韓、白之浩氣盤旋，亦空前之盛況也。**

七古而外，七絕亦以唐人所作為高。如李太白、王昌齡（唐江寧人，字少伯。工詩，緒密而思清，有聲開元、天寶間。曾爲龍標尉，世稱王龍標）**之七絕，風神飄渺，冠絕千古，遂為詞體之階梯，迄於宋代，其詩不能出唐人範圍。而發抒性情之傑作，乃皆在於詞，金、元而後，詩篇有作，又皆不能出唐、宋範圍，殆詩之境盡耶！**

（三）騷　賦　駢文之變遷

《三百篇》之變為《楚辭》（漢劉向輯，或謂後人校輯。有屈原、宋玉、景差諸賦，附以賈誼、淮南小山、東方朔、嚴忌、王褒諸作及向自作之《九歎》，爲《楚辭》十六篇。王逸又益以自作之《九思》及班固之二敘，勒成章句十九卷。且爲作注，其《九思》亦自注），**非僅形**

式不同，思想亦異也。緤（馬繮繩）馬閬風（山名，古代相傳爲神仙所居），駿（一車駕三馬）螭（若龍而黃）西極，睹虙妃（伏羲氏女。相傳溺死洛水，遂爲洛水之神）之所在，見有娀（國名。《史記．殷本記》「殷契母曰簡狄，有娀氏之女」）之佚女。託意想像，騁懷冥杳，與三百篇言尋常布帛、菽粟者迥不侔也。此蓋由南北民族思想不同，而其流露於文詞者自異也。

雖然，屈原（戰國楚人，名平，別號靈均。博聞彊記，明於治亂，仕楚爲三閭大夫，懷王重其才，靳尚輩譖而疏之，原憂愁幽思，而作《離騷》，冀王感悟，襄王復用讒，謫原於江南，乃又作《漁父》諸篇以明志。尋自沈汨羅而死）所作，實有與詩同者。《詩》三百篇皆可被管弦，而《楚辭》亦可歌，一也。《離騷》之作，依類取譬，託物取興，無殊詩人之筆，二也。太史公謂：「《國風》好色而不淫，《小雅》怨誹而不亂，若《離騷》者可謂兼之」，是《離騷》仍不失詩人溫柔敦厚之旨，三也。

至宋玉（戰國楚人，屈原弟子，爲楚大夫。悲其師放逐，作《九辯》述其志。又作《神女》、

《高堂》等賦，皆寓言託興之作）之徒，專務敷陳事物，失比、興之旨，而開漢賦之先，

及至漢代，則競求絢爛矣。

賦之成也，以《楚辭》為外形，而以縱横家言為内容。戰國時蘇（名秦，字季子，戰國洛陽人。師鬼谷子，習縱横家言。初說秦惠王，不用。乃往說齊、楚、燕、趙、韓、魏，使合縱以抗秦，得并相六國，爲縱約長。秦兵不敢窺函谷關者十五年。後客於齊，齊大夫使人刺殺之）、**張**（名儀，戰國魏人。初與蘇秦共師鬼谷子，尋蘇秦相趙，儀往謁，未納，乃去之秦。惠王以爲相，遊說六國，使背蘇秦之縱約，連横事秦，秦號之曰武信君。惠王卒，武王立，群臣讒之。會六國復合縱叛秦，儀乃去秦爲魏相。一年卒）**之流，以口舌動天下，務為紛葩粉飾，以期悦耳。然察其本旨，不過數語，漢賦亦即如是，其外形恢皇譎麗，内容甚簡單也。**

《楚辭》想像力偉大，描寫曲至。論山水則循聲而得貌，言節候則披文而見時，故能衣被詞人至於累世，一變而為漢賦，則為「麗而淫」矣。再變而為六朝之駢賦，

則競尚詞采而少性情，其格又卑。自唐以後，更變為平仄諧和，對仗工巧之律賦，用以為科場取青紫（卿大夫之服）**之資，品斯下矣。**

蓋自屈、宋以至鮑（鮑照，字明遠，南朝東海人。世稱鮑參軍）**、謝**（謝靈運，南朝宋陽夏人。稱大謝，謝惠連爲小謝）**，賦道已極。江淹**（字文通，南朝考城人。初仕宋、齊，梁天監中，官至金紫光祿大夫，封醴陵侯。少有文譽，世稱江郎。晚年才思微退，詩文無佳句，時人謂「江郎才盡」）**、庾信**（南北朝新野人，字子山。文章豔麗，與徐陵齊名）**之流，其頹廢已甚，不足以比古人。然六朝時，駢文則可稱也。**

自東漢以後，文詞日趨偶儷。魏時鄴下文人，競尚綺麗，遂開六朝駢文之端。至晉，陸機（晉吳郡人，字士衡。服膺儒術，詞藻宏麗。祖遜，父抗，世仕吳，吳亡，機閉門勤學，作《辯亡論》二篇，以述吳之興亡及其祖若父之功績。後事成都王穎，受命討長沙王乂，拜大將軍，授河北大都督。軍敗被譖，穎使收機，機曰：「華亭鶴唳，可復聞乎？」遂遇害）**、潘岳**（晉中牟人，字安仁。少有才，美姿容，常挾彈出洛陽道，婦女遇之者皆連手縈繞，投之以果。舉秀才，文詞豔麗，尤長哀誄，而性輕躁，頗趨世利。累官散騎侍郎，與石崇等諂事賈謐，後孫秀誣以謀反，被誅）等競相仿效，才藻妍麗，詞氣秀逸，推為傑作。東晉以後，玄風獨振，而文轉卑弱，自建武（東晉元帝年號，公元三一七年）迄義熙（東晉安帝年號，公元四零五至四一八年），道麗之詞無聞焉。此一變也。

元嘉（南朝宋文帝年號，公元四二四至四五三年）之世，鮑照、謝靈運大變委靡之風，為文道健，然頗傷巧琢。此駢文之又一變也。

齊、梁之際，聲韻之學盛，聲調協和，文益浮靡，徐陵（南朝郯人，字孝穆。幼聰穎能文，後爲文，詞藻綺麗，與庾信齊名，時稱徐庾體）、庾信最為能手，觀其所作，不過綺艷而已。此又一變也。

迄於陳代，則靡靡亡國之音矣。蓋駢文之氣運至是盡矣。

唐初猶盛行駢文，益無足稱。後雖有作者，蓋亦難於為繼矣。

駢文之作，固合於愛美之心理，然不便於發表思想，不適於記載事實。故在隋時，李諤即上書痛陳四六（即駢文，以四字六字爲對偶，故名）之弊。蓋有不得不革之道，今後作此者，亦徒供玩賞而已。

（四）詞曲之變遷

詞出於詩，其蛻化之迹，猶有可見者。萬紅友（清宜興人，名樹，字花農，又字紅友。著有《詞律》）謂：「《菩薩蠻》、《憶秦娥》、《憶江南》、《長相思》等，本是唐人之詩，而風氣一變，遂有長短句之別。若《清平調》、《小秦王》、《竹枝》、《柳枝》等，竟無異於七言絕句。」詞之出於詩，亦可見矣。

詞之初創，大抵皆小令（詞家稱詞調短者曰小令）單調（原爲音樂名詞，指音調之連續不變者。今謂簡單、呆板、少趣味之意）。唐人詞以《小秦王》、《瑞鷓鴣》七言八句，皆單調也。李白《憶秦娥》、《連理枝》始分二疊。白居易《長相思》繼之而作。自是以後，各體日出，然猶無慢詞（慢詞亦稱慢調，詞曲之變調也。唐人長短句皆小令耳，一名而可演爲中調、長調，或繫之以慢。慢者調長聲緩，如《卜算子慢》、《西江月慢》、《木蘭花慢》

之類是）也。迨北宋之時，士大夫競製新聲以寫情懷，乃演為中調、長調，慢詞由茲以出。柳永（宋崇安人，字書卿，初名三變。景祐進士，世號柳屯田。好游狹斜，所爲歌詞，旖旎近情。教坊中每得新腔，必求永爲詞始行於世。後流落不偶，死之日，群妓釀金葬之）之《八聲甘州》、《醉蓬萊》、《望海潮》、《雨淋鈴》諸作，推為慢詞之始祖。及周邦彥（宋錢塘人，字美成，爲北宋詞家大宗。博涉百家之書，好音樂，能自度曲，詞韻清蔚。神宗召爲大晟樂正，累官徽猷閣待制）為大晟（《大晟詞》。宋熙寧中，立大晟府，爲雅樂寮，選用詞人及音律家，日製新曲，謂之《大晟詞》。於是，小令、中調之外，更增長調，詞調成於此際者居多）提舉（官名。宋置，爲主管特種事務之官，如提舉常平倉、提舉茶鹽、提舉水利等），合新製為二百餘篇，詞調之成於此際者居多，而詞學亦於此臻極盛。此體製之變遷也。

晚唐、五代之詞，精巧高麗，後世莫及，然詞之道至宋而後大。宋人作品號為極妙，然南宋與北宋不同。劉熙載（號融齋，字伯簡，晚號寤崖子。清文學家，江蘇興化人。道光進士，官至左春坊、左中允、廣東學政。後主講上海龍門書院多年。是文藝理論家和語言學家。）謂：「北宋詞用密亦疎，用隱亦亮，用沈亦快，用細亦闊，用精亦渾。南宋只是調轉過來。」周濟謂：「北宋主樂章，故情景但取當前，無窮高極深之趣。南宋則文人弄筆，彼此爭名，故變化益多，取材益富。然南宋有門徑，有門徑，故似深而轉淺。北宋無門徑，無門徑，故似易而實難。」此作風之變也。

自宋以後，曲盛而詞衰，遂詞曲並行。然宋以後，作詞者都無以勝宋人，故張惠言（清武進人，字皋聞，嘉慶進士，官編修。修學力行，敦品自守）曰：「宋亡而正聲絶」也。

曲出於詞，亦顯然可徵。北曲（南北曲，爲元曲之派別。今所傳元人雜劇，皆北曲。北曲漸染胡語，其音噍殺，南人不習，乃稍稍變爲新體，號南曲。大抵北曲始於金而盛於元，南曲始於元而盛於明。北曲字多而調促，促處見筋，故詞情多而聲情少。南曲字少而調緩，緩處見眼，故詞情少而聲情多。董解元《西廂記》、馬致遠《岳陽樓》爲北曲之正宗，其後來之別派有西腔、高腔、梆子。高則誠《琵琶記》、施君美《拜月亭》爲南曲之正宗，其後來之別派有海鹽、弋陽、四平等腔）中所用曲，與唐、宋詞同名者，如《醉花陰》、《喜鶯遷》等七十五。南曲中所用曲，與唐、宋詞同名者，如《卜算子》、《反卜算》等有一百九十之多，雖其字句多不同，要之淵源有自，不可誣也。

曲有南北之不同，其不同之故，由南北語言之不同耳。元初作曲多北人，北方止有平、上、去三聲，而無入聲。以北音作曲，故謂之北曲，關（關漢卿，號已齋叟，元大都人，金末解元。以曲名，與馬致遠、鄭光祖、白樸稱元曲四大家。嘗續王實甫《西廂記》，又著有《救風塵》、《玉鏡臺》、《蝴蝶夢》等雜劇）、馬（馬致遠，號東籬，元大都人。工詞曲，著有《漢宮秋》、《薦福碑》、《任風子》、《青衫淚》、《岳陽樓》、《陳搏高臥》等雜劇）、鄭（鄭光祖，字德輝，元襄陵人。方直能文，尤工詞曲，著有《傷梅香》、《倩女離魂》、《王粲樓》、《紫雲娘》等雜劇）、白（白樸，字仁甫，一字太素，號蘭谷。元陝州人，生於金末，元統一後，徙家金陵。學問淵博，尤工詞曲，著有《梧桐雨》、《流紅葉》、《錢塘夢》等雜劇，詞則有《天籟集》）所作，皆北音也。周德清因作《中原音韻》（凡二卷。其例以平聲分陰陽，以入聲配隸三聲，分東鐘、江陽、支思、齊微、魚模、皆來、眞文、寒山、桓歡、先天、蕭豪、歌戈、家麻、東遮、庚青、尤侯、侵尋、鹽咸、廉纖十九部，全爲北曲而作，至今爲北曲之準繩），以為北曲用韻之書。蓋元人製曲，以北方語言押韻，與以前韻書不合，故不得不有此書也。又北曲多雜蒙、藏方言，不為南人所喜，於是，永嘉人因乎南宋之戲文，造出南戲。《琵琶》、《拜月》後先登場，盡洗胡元之風，別名為南曲。此南曲所由來也。

元曲之佳處在於自然，作者大都以意興之所至為之。彼但摹寫其胸中之感想與時代之情狀，而真摯之理與秀傑之氣，每流露於其間，所以為至也。明初作者如谷子敬、賈仲名輩，矜重典麗，尚似元代中葉之作。其後此道漸衰，隆慶（明穆宗年號，公元一五六七至一五七二年）以後，湯顯祖（明臨川人，字義仍，號若士。萬曆進士，官禮部主事，抗疏被謫，投劾歸，不復出。其詩宗香山、眉山，文學南豐、臨川。尤精詞曲，所著《紫釵》、《還魂》、《南柯》、《邯鄲》四記尤著名）稱巨擘。其才思固佳，然有人工、自然之別。蓋曲之發達，固限於元代也，至清代，則變為京戲矣。

（五）小說之變遷

小說之名見於《漢書·藝文志》。班氏謂：「小說家者流，蓋出於稗官，街談巷語、道聽塗說之所造也。」張衡（東漢西鄂人，字平子。善屬文，時天下承平，俗尚奢侈，衡乃作《二京賦》以寓諷諫，構思十年乃成，傳誦於世。尤精天文曆算之學，嘗作渾天儀及候風地動儀，爲世界之先。安帝時，由郎中遷太史令，拜尚書卒）**《西京賦》：「小說九百，本自虞初**（漢河南人，武帝時方士。《漢書·藝文志》小說家類載虞初《周說》九百四十三篇。師古注「虞初即張衡《西京賦》小說九百本自虞初者也」）**」蓋虞初者，小說之祖也。然曰街談巷語之所造，則與今之所謂小說異。**

今所傳漢人小說，皆出於僞造。六朝之時，崇信佛法，其時小說如《拾遺志》（亦名《拾遺記》，凡十卷，苻秦方士王嘉撰。所記上起三皇，下迄石虎，事迹荒誕，往往與史傳不合，然詞富膏腴，有助於臨文之採擷）、**《搜神記》**（凡二十卷，舊本題晉干寶撰。史稱寶感父婢再生事，遂撰集古今靈異神祇人物變化而爲此書。證以古書所引，或有或無，殆亦出於依託，然猶爲多見古書之人，聯綴舊文，傳以他說，故核其體例，儼然唐以前書，其文亦斐然可觀。又《搜神後記》凡十卷，舊本題晉陶潛撰。考潛卒於宋元嘉四年，而書中有元嘉十四年及十六年事，其僞可不待辨。然其書文詞古雅，體例嚴整，實非鈔撮補綴而成，亦非唐以後所作）等，皆談鬼神、志怪異之作，且亦皆為片斷之記述，未能成篇。

唐代小說結構圓滿，可推佳作，其內容雖尚不離於搜奇記逸，然敘述宛轉，文詞華麗，較之六朝之粗陳梗概者，大進。蓋至唐代對此始有意識之創作也。其中以《虬髯客傳》（虬髯客，隋末張仲堅，行三，赤髯而虬，號虬髯客。有雄才大略，時世方亂，欲起事爭天下，會李靖攜紅拂奔靈石，客遇之於旅邸，與靖至太原，得見李世民，識爲英主，乃舉家贈靖別去。臨行語靖曰：「此後十年，東南數千里外有異事，是吾得事之秋也。」貞觀中，南蠻入奏，謂有海船千艘，甲兵十萬，入扶餘國，殺其主自立。靖知爲虬髯客所爲，與紅拂瀝酒賀之。）、《紅線傳》、《霍小玉傳》（唐蔣防撰。霍小玉者，唐傳奇中妓女。傳爲霍王婢所生，霍王死後，易姓鄭。通詩書，善音樂。曾與隴西進士李益有盟約，後李負約不往，霍積思致疾。一日，有黃衫客強挾李至，霍既見李，慟極而死）、《會真記》（唐元稹撰，亦名《鶯鶯傳》。敍崔鶯鶯與張生故事）、《柳毅傳》（唐李朝威作。記洞庭龍女遭夫家虐待，柳毅助其脫離苦難，遂相愛慕，幾經波折，終成夫妻。金人選爲雜劇）等，最膾炙人口。

唐代小說皆文人之作，至宋代乃有平民文學出現。以當時白話描寫社會情況，謂之諢詞小說，亦曰平話。傳於今者，有《宣和遺事》（凡二卷。不著撰者姓氏，或謂宋、元人作。大抵皆鈔撮舊籍，非著者之本語。分前後二集，始於稱述堯、舜，而終以高宗之定都臨安，按年演述，體裁甚似講史。惟節錄成書，未加融會耳）、《五代平話》（全名爲《五代史平話》，不知作者姓名。其書梁、唐、晉、漢、周每代二卷，各以詩起，次入正文，又以詩終。惟《梁史平話》始於開闢，次略敍歷代興亡事。立論頗奇）等，爲長篇小說之祖。

元代承平話之遺，作者偏於歷史小說，羅貫中（元末杭州人，名本，以字行。編撰說部甚多，其著者爲《三國志通俗演義》、《說唐》、《粉粧樓》等。《水滸傳》自第七十回以後，金聖歎亦斷爲貫中所續）之《三國演義》（全名爲《三國志通俗演義》，元末羅貫中著。述三國事，起自桃園結義，止於西晉統一。取材於陳壽《三國志》及裴松之注，並博采民間故事傳說。按唐代已流傳三國故事，宋有說「三分」者，元時盛行三國戲，至正年間，新安虞氏刻《全相三國志平話》一種，分上、中、下三卷。羅氏總其成）、**施耐庵**（元東都人，名子安，以字行。元末官錢塘，與當道不合，棄官歸，閉門著書，有《志餘》、《水滸傳》等書）**之《水滸傳》**（寫北宋末宋江等被逼上梁山起義事。按，《宋史．徽宗紀》僅載宋江名，宋末龔聖與爲宋江等撰象贊始作三十六人。宋、元間人所編《宣和遺事》已有楊志賣刀、晁蓋劫生辰綱、宋江殺閻婆惜等情節。其後長久流傳，迭經增益，乃成一百單八將，長逾百萬言之《水滸傳》。傳爲元施耐庵編，明初羅貫中續。全書據民間傳說、說本、底本等加工寫定，增潤成篇，原非一人之作）**，可為代表。二書對中國下層社會影響最大。**

至明之中葉，盛行神怪小說，《西遊記》（明吳承恩所作神怪小說，一百回。敍唐僧赴西天取經，其弟子孫悟空沿途降服妖魔，排除險阻事。全書結構完整，主要人物個性生動，情節曲折，引人入勝）**即其時產品，其想像力之大，殆無與匹。**

明末及清，風氣又變，作者注意於社會，以描寫實際人生為指歸。此期作者以《紅樓夢》（原名《石頭記》，又名《金玉緣》，一百二十回。前八十回爲曹雪芹撰，後四十回乃高鶚續。全書以賈寶玉與林黛玉之婚姻悲劇爲主綫，寫賈府由盛而衰，揭示當時社會情況。全書近百萬言，規模宏大，結構嚴謹，形象鮮明，爲我國古典小說傑作之一）、《儒林外史》（清吳敬梓著。寫昔科舉制度之害，諷思想之迂腐及道德之墮落，刻畫深刻而風趣。後人續《幽榜》一回於末，共五十六回，爲舊時通行本。光緒間又有六十回本，其末四回乃他人補作，事既不倫，語復猥陋）為代表。《紅樓夢》寫簪纓世家，《儒林外史》寫文人陋習，各盡其妙。尤以《紅樓夢》細膩風光為不可及。

自西洋文學輸入國內，小說家頗受其影響，吾國小說之新趨勢，正在醞釀中也。

後記

此乃先父耕研公六十年前執教於上海中正中學時之講義，係某學生之筆記整理而成，惜其姓名現已無從查證。其時之教務主任王又瀛先生，認為應予留存而油印裝訂，先父得以保存一冊，竟為文化大革命時紅衛兵劫掠中漏網之魚。全編計共十講，僅《經學》及《文學》而已。係為通俗讀物，並非專論，惟每有獨到見解，惜未得全部介紹，否則將有更多新義以嚮讀者也。

兩岸開放後，二弟滋有感於先父遺稿幸存者不多，此雖缺《史》、《子》、《集》等，但對初學仍有助益，應留以備子孫研誦，遂於一九九二年詳予注釋。余取得已十餘年，初誤以為學校講義，未予重視。去歲於刊刻本叢書之十五《藷硯齋日記》後，精神上之壓力減輕，重理餘稿，再讀此講義。以余非習文者之認知，始悉「國學常識」為何物，深愧身為中國人，不但所習中文不多，連常識亦所知太少。而中國文學博大精深，任何人窮畢生之力，恐亦無能以窺全豹。既有此深入淺出之介紹，不該僅為家藏，理應提供有意研習中文者初學之階。

講義僅《經》與《文》，內容不多，印之僅能稱所謂小冊子，似不足以成書。置不處理又覺可惜，乃補以滋弟之注，有助一般讀者閱讀，願與余相同水準者得藉以增長常識。

張蓓蓓教授執教於台灣大學，小女肇芸之授業老師也。著作頗豐，曾著《國學導讀》、《孔子》、《中古學術論略》、《漢晉人物品鑒研究》、《東漢士風及其轉變》、《認識國學》及《魏晉學術人物新研》。蒙其厚愛，於百忙中承諾詳予校訂，並允賜序，敬謹拜謝焉。

經多次校對，頗感吃力，若非二弟當年另本謄錄詳加注釋，以震之力，絕無完成之望。而滋弟已於去歲五月因病過世，未得親見其成，深憾也！

二零零七年　淮陰范震　於美俄州哥城芸寓

此輯與《蕎齋讀書隨筆》同時付印，拖延至今始刊。

二零一零年農曆新年又記於芸寓

國家圖書館出版品預行編目資料

國學常識 / 范耕研著. -- 初版. -- 臺北市：文史哲, 民 99.09

頁： 公分. --（藟硯齋叢書；17）

ISBN 978-957-549-925-9（精裝） ISBN 978-957-549-926-6（平裝）

030

藟硯齋叢書 17

國學常識

著　者：范　耕　研

出版者：文　史　哲　出　版　社

http://www.lapen.com.tw

e-mail：lapen@ms74.hinet.net

記證字號：行政院新聞局版臺業字五三三七號

發行人：彭　正　雄

發行所：文　史　哲　出　版　社

印刷者：文　史　哲　出　版　社

臺北市羅斯福路一段七十二巷四號

郵政劃撥帳號：一六一八〇一七五

電話886-2-23511028・傳真886-2-23965656

中華民國九十九年（2010）九月初版

ISBN 978-957-549-925-9（精裝）180.-

ISBN 978-957-549-926-6（平裝）